AQUARIUS

AQUARIUS

AQUARIUS

AQUARIUS

Vision

一些人物，
一些視野，
一些觀點，
與一個全新的遠景！

人生從解決問題開始

蔡志浩教授

一位心理學教授的理性箴言

【推薦序】

脫俗卻不平凡的社會觀察者

曾志朗（中央研究院特聘研究員）

志浩的書要出版了，我手裡拿著一疊初稿，心裡頭一陣陣喜悅，因為我這位才氣煥發的學生，不再拘泥於實驗室裡的眼球移動追蹤儀，因為那只能研究別人在看什麼；他寧可走出實驗室，用自己的眼光去看芸芸眾生，用自己的知識去揭開生命現象的涵義，更要用自己的智慧去把學理轉換成有效的問題解決利器，以積極向上的胸懷，鼓勵大家一起來建立同理及感恩的祥和社會。這一疊在我手中的文稿，看起來很輕，但內文讀起來卻不免沉重！看書名叫做《人生從解決問題開始》，就知道志浩對人生的態度，就是不怨、無懼，默默地把生命掌握在自己手中。這就是他！我記憶裡（很久沒看到他了！）那位安靜內向的學生，從文稿中走出來，到我眼前，以炯炯的目光看著我，說：「老師，這本書代表我的看法，和我的奮鬥，你會喜歡的。」

他說對了，我一篇又一篇的讀下去，沒有停下來，而且真的很喜歡。七十二篇文章，分成十個主題，從對社會的觀察，對父母如何和子女相處的建議，到中山高的寂寞感懷，到為人師者對一屆又一屆的畢業生的祝福感言，到最後他自己離開教職，轉入業界對最後一班畢業生的臨別贈言，都像是一眨眼又一眨眼所見到的社會萬象，而他站在路邊，好心的在告訴你，這樣去看問題，那樣去解決困境，不急不慌，才能做自己，才不會活在「別人」的期待中，而忘卻了自己的興趣，個性和感覺！到他警告：「如果沒有一點警覺，到最後甚至會把別人的看法當成自己的。於是每一次自以為的挑戰，充其量只不過是從順從一群人轉變為順從另一群人罷了。」

這些生活上表現的智慧，都沒有老氣橫秋的口氣，因為他還年輕。他閱讀的廣度很廣很廣，而理解的深度也很深很深。他是網路上的行者，也是網上的發言人。從小他個性內向，但網上卻交流廣闊，沒有生活上的哪一個面向會使他噤聲，也沒有社會上的哪一個難題會使他卻步！他能力很強，要做一個卓越的實驗科學家綽綽有餘，但他選擇做自己，離開實驗室，走入業界當顧問，我覺得他脫俗，所以海闊天空，他選擇平凡，所以不平凡。我在他書裡的字裡行間，處處感受到他的「自在」！

在這本書裡，他其實點出社會現象的許多矛盾，他試著從他的專業——心理學去剖析問題，尋找答案，但他知道在目前台灣處在價值系統混亂的世代，生活上要解決的，不只科學的難題，也不只教育改革要何去何從的爭辯，更不是社會失序之下，個人是否「存在」的哲學辯證；這些都無關緊要，但卻又是無可避免的生命景象。所以，要嘛就隨波逐流，當個「社會人」，喃喃自語去說別人期待你說的話，或不停重複別人的話，要嘛就學會把自己抽離社會制約的向心力，學會用合乎世俗的問題解決方式，用歸零再生的思維去分析問題的根源，找出新的解決方案。當然碰碰撞撞（有形、無形，無所不在的壓力）是在所難免。但在轉念成功，走出困難之後，常常發現失去的，其實一點也不重要。如今能夠不去過別人的生活，才是得稱幸之事。

志浩是我在中正大學的學生，是位非常仔細的實驗心理學碩士班學生，專攻眼球移動追蹤的議題，這是閱讀研究非常基礎的測量。他對詞彙的區別和系統性非常敏感，自己摸索，建立了很有用的詞庫，對於用語文材料做實驗者在尋找刺激材料上非常有幫助；詞庫本身的組織當然反映了人類儲存這些理念時的基本組成架構，所以建造這些詞庫的人，他必須對何謂心智結構有一定的想法，例如詞和意念的關係是什麼？詞和詞之間的聯結是點和點的連線，或是語意所散發的表徵之間的重疊面呢？詞彙頻率的變動，反映了時代的社會取向。這些工作很複雜，但隱藏的訊息卻非常豐富。志浩在這一方面的能力超強，分析很細膩，才會看到許多別人看不到的社會現象，提出很多新穎的見解！

見解！是的，見解是這本書最令人心動的部分，我欣賞志浩許許多多的見解，但也不只全然接受他的見解。我最不能同意的是他對穿拖鞋上博物館的看法。他沒有分清楚什麼是description，和什麼是prescription！科學研究要的是真相的description，但「教育」並非中性的，是要規範方向的，那是prescription。上博物館真的不是偶發的路過當地，上博物館是有目的的教育行為，應該是有所規範的。上博物館去觀賞文物和各項創作，對創作者是一番景仰和尊敬，能費心把自己弄整齊悅目一些，就是景仰和尊敬的表現！

這是我的見解，志浩當然可以不同意，但下次你來看我，總不好穿拖鞋吧！除非我們一起去郊遊！

【自序】

從探索自我到發現世界

1

人類自從二十萬年前出現以來，就不斷在改變世界。從製造工具、發明文字、工業革命到兩次資訊革命（個人電腦、網際網路），世界變化的速度愈來愈快。你一定也覺得，二十世紀已經是好久好久以前的事了。可是，仔細一想，才過了十二年呢。你看世界變化多快。這世界在過去十二年經歷的改變幅度，可能已經超越工業革命之後兩百年累積的改變了。

讓我們回憶一下二十世紀。與現在相比，在那個世紀生存的基本規則，相對來說還是穩定且容易預期的：大部分的人們藉由以學歷、證照或其他形式表徵的一技之長，到大城市裡的企業工作，順著階層往上，最後在某個階層退休。圍繞著穩定工作的，是同樣穩定的生活。

二十一世紀的世界不再像從前一樣穩定，工作也一樣。在台灣，目前四十五歲以上的中高齡世代，大概是最後一個能夠以二十幾歲時在學校學到的一技之長，從事某種工作直到退休的世代。甚至連這個世代，都愈來愈常在中年面臨職涯轉換的挑戰。

快速變化的世界每年都會帶來新的工作與生活型態，而這些工作與生活型態，過了幾年又會因為快速變化的世界而消失。不論你正處於人生的哪一個階段，要適應這個世界就必須不斷地學習，讓自己的成長跟得上世界的變化。

2

我自己就經歷了這一切。我是個認知心理學家，今年四十三歲。目前在業界擔任使用者經驗顧問。透過使用者研究、教育訓練與顧問諮詢等方式，協助業界發現使用者的真實需求，藉以協助設計能夠滿足需求的新產品與服務，並改善既有的產品與服務。

我在三十二歲那年取得博士學位，之後在大學任教長達十年。這段期間，世界改變了，我成長了，我跟世界的關係也跟著不一樣了。四十二歲那年，這些改變帶著我離開學界來到業界。年紀、學歷和專長與我類似的人，多半在學校的實驗室裡，我走的這條路完全沒有前例可循。我必須重新認識自己與世界，並尋找兩者之間的關聯。

我遇到的每一個問題都是全新的。發現、定義、分析與解決問題，都完全依賴自己的獨立思考。每一天都是新的一天，每一天都有新的挑戰。而這正是人生最精采之處。試想，如果每一天都和前一天一樣，如果套公式就可以過完一生，那樣的人生多無聊。

3

讓我再分享一件事。高中三年級時，我因為數、理、化三科不及格而無法畢業。這當然不是什麼光采的經驗，卻是促使我開始獨立思考的重要經驗。還未成年的我，在被體制拒絕的情況下開始重新尋找自我認同，並嘗試重新定義與解決這個體制帶給我的難題。

那年，我以同等學力報考大學，也順利考上了。直到大學畢業以前，我都只有國中學歷。但我那充滿挫折與抑鬱的高中教育，帶給我一輩子受用的啟發：不論在什麼時候面臨什麼情況，永遠要充分了解自己，永遠要獨立分析問題，永遠要親自尋找這些問題的解決方案。這不是說前人的經驗都不值得參考，而是這樣的磨練讓我在沒有前人經驗可以參考時，仍然能夠找到自己的路。

當世界變得愈來愈複雜，就愈來愈不可能有兩個人有完全一樣的經驗。「沒有前人經驗可以參考」的情況會愈來愈常見，獨立思考與解決問題的能力，也愈來愈重要。

4

人生永遠要從解決問題開始，而這樣的能力又必須以對生活的洞察為基礎。你必須對生活中的大小事有足夠洞察力，才能發現真實的問題（而不是學校、老師、公司與主管交給你的那些）並解決問題。然而，習慣與傳統在我們的成長過程中，逐漸限制了我們對生活體驗的深度與廣度，也讓我們的洞察力逐漸消失。

這是一本洞察生活的書，每篇文章都從心理學的觀點解釋一個我自己生活中的親身經歷或觀察到的現象（不論是教育、教養、社會或文化的），再用淺顯易懂的語言來說明。我想強調的是，這本書呈現的是「觀點」而不是「論點」。觀點無所謂對錯，就是一種看自己與世界的角度。你不需要接受我的每一個觀點，重要的是你能否在閱讀的過程中開始產生自己的觀點，並在閱讀之後做出一些改變與嘗試。

這本書很適合親子共讀，不論是父母與孩子共讀，或是祖父母與孩子共讀。透過這本書，親子之間可以進一步分享彼此的觀點，並檢視觀點間的差異。在這個過程中，親子都可以引導對方進入自己的世界，促進彼此的了解與成長。

這本書也適合自己閱讀，不論是成年人或青少年。你可以一次順著原來的組織讀完，這必定是最有系統的。當然，我也了解現代人不見得容易找到完整的閱讀時間。所以，你也可以利用零碎的時間閱讀。每篇文章基本上自我完備，你可以從任何一篇開始讀，再跳到任何一篇。

如果你對心理學有興趣，這本書也適合當成「普通心理學」與「認知心理學」課程的延伸閱讀。這是一本科普，但與一般的科普不一樣，這本書的主軸是生活。這本書可以幫助你把知識帶出教室與課本，與真實的生活連結。你不僅能夠更了解生活，也能夠更了解心理學。

這是為我自己以及所有想要持續探索自我、發現世界、認真生活、充實人生的成年人與青少年寫的書。

《人生從解決問題開始》

目錄

PART 7
教導甚於指揮，師生從互信做起

PART 8
熟悉重於陌生，獻給我們的下一代

PART 9 旅行優於獨行，帶著眼睛去旅行

PART 10 未來大於過去，現在是上天賜予的禮物

PART 1

傾聽優於拒絕，陪伴下一代，了解自己

內向的孩子

我們需要的不是性格的轉變，而是讓我們克服害羞、交到朋友的適性的社交技巧。因為內向，我們不容易交到朋友。

我從小就很內向，內向的孩子成長過程中遇到過的事，我大概一件不少。念幼稚園時同學摘下對折的葉子打開來找裡面的蟲，我跟在旁邊摘了片正常的葉子自己對折，假裝自己是他們的一分子。國小畢業旅行睡覺時被同學捉弄，國中時被惡霸同學堵住教室前後門，不准離開教室。親友聚會時，內向的孩子總是最難融入同齡的孩子，也最不容易討長輩的歡心。我不敢直視別人的雙眼，即使是自己的親朋好友。

身為心理學家，回顧自己的成長過程，我明白內向的孩子的確需要協助。但我也明白，我們真正需要的卻往往不是長輩們想的。我可以清楚告訴你，內向的孩子不需要什麼，又需要什麼。

我們需要的不是變得活潑，而是肯定自我。因為內向，我們少了很多與這個世界的互動機會，很多時候我們收不到足以幫助自己、肯定自我的訊息。此時長輩們再期待孩子變活潑，只是在已經呼吸困難的孩子臉上再壓上一個大枕頭。

我們需要的不是被改變，而是被理解。因為內向，我們不太表達自己。了解我們的人不多，這常常讓我們感到寂寞與孤獨。如果連在身邊長期觀察的父母、師長對孩子都沒有足夠的了解，又能改變什麼？你不理解我，憑什麼要我改變？

我們需要的不是性格的轉變，而是讓我們克服害羞、交到朋友的適性的社交技巧。因為內向，我們不容易交到朋友。但性格是「自我」的核心，要改變它是不切實際的。我們還是有社交需求，但滿足社交需求並不需要改變性格，我們需要的是能夠克服害羞交到朋友的適性的社交技巧。

不要擔心內向的孩子進入社會會遇到挫折。生命總會找到出路，如果智力正常，再加上長大了也成熟了，內向的人總會找到適應的方式。老實說，內向的人一輩子受過最多的傷害往往發生在自己的成長過程，來自親近的師長與同儕嫌惡的眼光，或要求改變的期待。

說說我的故事。我在一九八八年上大學，遇到最大的挑戰就是上台報告。平常跟同學說話都很困難了，更不用說是站上講台。但既然躲不掉，就想辦法克服。從口語表達到肢體語言，我花了比別人多幾十倍的時間練習。我連眼神接觸這種一般人做起來自然的事都是慢慢練出來的：仔細計算要看哪裡看多久，然後準確執行出來。

念大學時我一開始當然不是特別喜歡站上講台，但沒多久就發現好處：那讓我可以對溝通過程有最高程度的掌控，並在短時間內被最多人了解。那幫助我肯定自我，克服害羞，交到朋友。如此，我也得以將大部分的社交需求與壓力從日常生活移除。

我就這樣磨了二十幾年的簡報與教學技巧，到今天我已經有非常強的分享能力。很少人有比我更多的演講與講課經驗，不論是從主題或聽眾的異質性來看。如果你感到好奇，可以看一下我部落格上的演講與課程列表。

最後，有一點我要強調：我的內向個性完全沒有改變。離開了講台，社交活動還是會為我帶來顯著壓力，與陌生人眼神接觸也總是讓我覺得困窘與困難。如果我說我在講台或舞台上比在台下自在，你一定很難想像。但那就是我的適應方式。

記住，生命總會找到出路，內向的人總會找到適應的方式。內向的孩子需要的不是變得活潑，而是肯定自我；不是被改變，而是被理解；不是性格的轉變，而是適性的社交技巧。

旅行的意義

旅行的過程中，獨特的感官體驗刺激我們對這個世界的想像力，喚起我們對這個世界的好奇心。那是一個充滿頓悟與啟發性的過程，不是閱讀或上網可以取代的。

二〇一一年底，有一位家住雲林的十四歲男孩帶著八歲的妹妹，未告知父母就離家環島。五天之內，哥哥用離家時身上僅有的四千元帶著妹妹搭火車與客運從雲林、台北、花蓮一路來到屏東，最後在墾丁被發現。那段時間全台灣都在擔心這對兄妹。很高興他們平安，他們的動機、勇氣與智慧，也讓我非常敬佩。

我一直覺得旅行是成長過程中最重要的經驗，比念書還重要。我在這對兄妹年紀的時候，爸媽幾乎每個週末都會帶我們出遊。多半都是當天來回高雄附近的南台灣縣市，但已經可以讓我們體驗到很多平常生活經驗中沒有的人事物。到了寒暑假，就會有較長時間的旅行。

旅行永遠無法被化約為「去哪裡玩」，因為那忽略了海的聲音，樹的質地，山的顏色，雨的觸覺，濕度的嗅覺，移動的韻律，小吃的味道，公路上的空間感，古蹟裡的歷史感，以及與陌生人的交流。旅行的過程中，獨特的感官體驗刺激我們對這個世界的想像力，喚起我們對這個世界的好奇心。那是一個充滿頓悟與啟發性的過程，不是閱讀或上網可以取代的。

孩子們都是對世界充滿想像與好奇的。有一次在從台中往竹南的區間車上，我觀察到坐我對面的兩個小孩幾乎全程都跪在椅子上目不轉睛地望向窗外。搭火車，看風景，也許再加上在車上吃零食，那是我們每個人小時候的共同經驗吧。而你我長大以後，又有多少年沒有對這個世界展現過如此單純的想像與好奇了呢？

有動機探索世界、體驗生活的孩子不會變壞。旅行正是最好的管道。然而，旅行也是件「上梁不正下梁歪」的事。如果父母親的想像力逐漸消失，對世界也不再感到好奇，只是把旅行當成例行公事，孩子很快也會變成那個樣子。

還有一次在從左營發車的高鐵上，我前排座位的小女孩好奇地問媽媽：「捷運是什麼？比高鐵快嗎？」我觀察媽媽會有什麼反應，結果媽媽沒有回答。後來那女孩問了更多問題，媽媽也都沒有反應。我幾乎可以想像再過一兩年之後，那女孩會變成什麼樣子。（很巧合地，我當天的行程就是一場談「從探索自我到發現世界」的演講。）

不要抱怨你忙到沒有時間旅行。我在自己的部落格分享的許多觀察幾乎都來自商務旅行或類似行程的過程中。只要有心，只要懂得利用忙碌行程中的空檔，你還是可以體驗到探索世界的快樂。重要的是那顆心。

我常等公車的路口，每到上班時間，都有位女士推著不鏽鋼攤車出來賣早點給騎車經過的上班族，孩子就在旁邊板凳上寫功課。有幾次我看到他在讀繪本，媽媽只要一空下來就會轉過頭來跟孩子討論內容。這位母親不只是敷衍一下孩子，她是非常專注地在做這件事。就像我在我朋友的繪本咖啡館「小樹的家」裡，觀察到的那些媽媽一樣。

這對雲林兄妹那幾天所走過的地方，都是爸媽曾經帶他們玩過的地方，去年暑假全家才剛到墾丁遊玩過。你看，孩子們有多麼珍惜父母親帶給他們的旅行經驗，旅行觀又受到多大的影響。

這對兄妹結束了一趟——我想在他們心中一定像《野獸國（野獸冒險樂園）》一樣，甚至更刺激——冒險，平安回到家中。我相信這對兄妹會很快重整心情，整理從這次經驗中學到的教訓，再度踏上另一段旅程。當然，是在爸媽的陪伴之下。

我還想分享一個觀察。有一次在從六家往新竹的區間車上，我看到一位小男孩專注地拿著相機拍窗外的風景。這讓我很感動。希望長大以後的小男孩，仍能保有這樣單純的好奇心，也希望已經長大的你，能重新找回對這個世界的好奇心。

我們都要感謝這對雲林的兄妹為我們上了一課。希望我們永遠不會忘記旅行的意義。

不是智慧型手機的錯

父母要買智慧型手機給孩子，就要教他們使用的適當時機。孩子的教養原本就是父母的責任，但這些年愈來愈多父母把責任推給學校了。

智慧型手機普及之後，很多寵愛孩子的父母親也為孩子買了一支。這些孩子們帶著智慧型手機到學校以後，有很多使用的行為都是與學習無關的。老師們當然也注意到這個現象，對孩子們帶智慧型手機進校園頗有微詞。這現象當然值得關切，但我不覺得是智慧型手機的錯。

二〇一〇年初，我正在做電子書閱讀器融入教學與學習的研究。那是智慧型手機剛開始普及的年代，我訪談的學生之中大部分用的都還是傳統手機。其中有一場團體訪談的對象是國中生。我讓他們試用Amazon Kindle 2與iRex iLiad這兩台當時的主流裝置並分享心得，也藉機讓他們彼此分享對「閱讀」這件事的經驗與看法。

他們當時試用過閱讀器的反應之一，就是「偷看書不方便」。他們說平常會用傳統手機與電子辭典閱讀，讀完一整本小說的都有。怎麼讀呢？把手機藏在外套袖子或鉛筆盒裡，上課時偷看。電子辭典更是上課偷看書的好幫手，這東西是本來就可以帶到教室放在桌上的。

我還滿喜歡這種「偷看書」的現象，至少這代表孩子們對閱讀是有興趣的。在另一場對小學三、四年級學生的團體訪談中，學生對閱讀的聯想就是老師規定要寫心得很討厭。但不要寫心得的自由閱讀他們就很愛。例如有學生把老師推薦的金庸小說讀完了，自己找《暮光之城》和《哈利波特》來讀的當然也有。

學生不專心上課當然不是什麼好事，但年輕的孩子原本就很難只靠意志力與責任感專注那麼長的時間。要讓學生專注，老師就要能夠喚起學生的學生動機，讓學生覺得老師講課的內容，比他在手機或電子辭典上偷看的還有趣。

我也觀察過國中生的上課環境與行為。我觀察的是一班國一學生，兩節生物課的時間，約一個半小時。我坐在教室最後面，學生好奇回頭看個幾眼之後就適應了。授課的老師剛好是一位很厲害的老師，台下學生也都很專心上課，就連我都聽得津津有味。

我當時的觀察和現在許多老師的觀察，反映了同樣的問題：大部分的時候，學校很無聊。事實上，我們自己小時候也經歷過這一切呀。只不過我們當年沒有手機與電子辭典，只能把想偷看的書藏在抽屜裡或壓在桌面上的教科書下面。

不是智慧型手機的錯，它只是讓問題更明顯而已。世界變化的速度愈來愈快，相對保守的學校就顯得愈來愈無聊。至於老師能否在這場與智慧型手機的競爭中勝出？我相信有一些老師是做得到的，但難度實在有點高。

最後，我也想提醒：父母要買智慧型手機給孩子，就要教他們使用的適當時機。孩子的教養原本就是父母的責任，但這些年愈來愈多父母把責任推給學校了。

為什麼抓不住孩子的心？

今天你的孩子被傳銷公司說服，卻無法被你說服，不是傳銷公司做得太多，而是你做得太少。在贏得孩子的心的這場戰役上，你輸了。

每年都有許多家長為了自己的子女加入傳銷公司而感到憂心。他們覺得孩子們是因為被這些公司洗腦，才開始有一些奇怪的想法。還有會員的家長用這樣的方式描述傳銷公司：「他們心理學學得很好，一跟他們對話，就抓住孩子的心。」我個人對這些傳銷公司向來沒有太正面的印象，也不覺得他們心理學學得好。但是，我仍想問家長們：「你為什麼抓不住孩子的心？」

大學生都是有獨立思考能力的成年人。如果這些傳銷公司不是用妨害自由的方式逼迫孩子們加入，那麼加入這些公司就是這些成年人自己依據所獲得的訊息做出的選擇。只能說，這些公司很懂得藉由訊息的操弄來強化說服力。有沒有達到詐欺的程度，我不知道，但傳銷公司就算有錯，也不表示家長都是對的。家長們難道不應該反省，為什麼自己一點影響力也沒有？

批評傳銷公司「洗腦」或說孩子「被騙」的家長，心中一定早已認定孩子思慮不周。而這種否定的心態，其實早已在孩子的成長過程中重複出現。例如，看到中學階段孩子的成績單時，必定先責罵為什麼某幾科考不好，然後逼孩子去補習「補到好」，而不是從考得好的科目試著看出孩子的優點，並幫孩子尋找適性發展的方向。聽孩子談論夢想時，如果聽到和自己的價值觀與經驗不一致的內容，必定立即否定並開始批評，而不是以接納的態度試著引導孩子。

要抓住孩子的心，你不需要心理學（當然，學了絕對有幫助）。只要將心比心，理解這點：「從出生那天開始，孩子就是跟你平行的獨立個體，而不是你製造出來的產品。」人都希望被理解與接納，也都希望掌控自己的人生。不要覺得你是家長就有權力要求孩子服從命令，也不要覺得你是家長就有權力限制孩子的未來。你生他養他，不表示你就有權控制他。

沒有人否定你的養育之恩，但養育之恩不代表絕對的權力。你如果訴諸權威試圖直接影響孩子，孩子就會關上溝通的大門。你如果訴諸親情試圖製造罪惡感，次數多了孩子也會習慣化。你如果希望影響他們，就要放下權威與情緒，用對等的朋友身分去理解，而不是由上往下的訓斥；用對等的朋友身分去協助，而不是由上往下的命令。

再講得淺白一點，今天你的孩子被傳銷公司說服，卻無法被你說服，不是傳銷公司做得太多，而是你做得太少。在贏得孩子的心的這場戰役上，你輸了。坦白說，傳銷公司那套說服機制其實非常簡單，你不需要學過心理學也學得會。但至少人家想辦法去爭取你孩子的心，而你呢？

你以為能看透一切，知道傳銷公司如何「騙」你的孩子？果真如此，為何你沒有技高一籌，讓孩子聽你的？從小看著孩子長大的你，是最有機會了解孩子的人，往往也是最不了解孩子的人。因為，你錯誤的以為，孩子的心本來就是你的。

二〇〇二年的電影《K-19》的一幕。俄羅斯潛艦核子反應爐發生嚴重意外，隨時可能爆炸。潛艦官兵希望棄船，鄰近的美國潛艦也表示願伸援手。哈里遜福特飾演的艦長卻要全艦官兵冒著犧牲性命的風險，將潛艦下潛嘗試將故障的核子反應爐修復。因為他不希望出問題的反應爐炸毀來救援的美國潛艇，而引發兩國之間的大戰。當他準備直接用廣播發出命令時，連恩尼遜飾演的副艦長提醒他：「不要命令他們，艦長。用問的，好好地問。」

艦長或許有位階上的絕對權威，但要獲得全艦官兵的信任卻必須用心爭取。家長也是一樣，你固然是孩子的監護人，但要抓住孩子的心，仍然必須用心去經營。

有效溝通的原則

我們一生之中遇到的大部分問題，包括與他人溝通，都很難用一個步驟就解決。因此，我們要學習了解問題的全貌，而不能過於短視。

我在高雄醫學大學任教時期，經常被醫學系的學生問到一個問題：「醫學生畢業後進入醫院要和主治醫師學習。如果主治醫師講錯或做錯，影響病人安全，而其他的住院醫師又都附和他時，我們該不該冒著被盯上的風險糾正主治醫師？」

是的，任何人都會面臨類似的情境，但醫學生的處境尤為艱難。對於解嚴以後出生的年輕一代醫學生來說，要適應仍然相當傳統的威權式訓練與領導，確實是不小的挑戰。以下是我給他們的建議。因為是很基本的社會心理學原理，對一般的溝通情境也是同樣有幫助的。

為什麼溝通無效？

現在年輕人的溝通模式基本上是「有話就說」，表達的內容通常非常直接。如果純粹是為了表達意見，這樣的模式並無不妥。但如果是為了有效溝通，要讓對方接受你的意見或改變立場，就不能這麼做。

主要的原因是，每一個人面對過於直接的否定或批評時，都會因為覺得受到威脅而產生防衛之心。如果因為對方不接受批評就抱怨對方沒有風度，只會讓對方更防衛。這不是風度的問題，人的本質就是如此。我們不都有類似的經驗嗎？你愈直接批評一個人，對方的抗拒就愈強烈，甚至開始反擊。

比較無奈的是，我經常觀察到無效的溝通方式。如果是下對上的溝通，台灣社會的常態是敢具名的就不留情面直接嗆聲表態，不敢具名的就寫攻擊性的黑函。

上對下的溝通也沒有好到哪去，台灣社會的常態是訴諸權威的命令、指責，再加上威脅。不論是下對上或上對下的溝通，都太直接也太自我中心了。

直接未必是解決問題最有效的方法。事實上，我們一生之中遇到的大部分問題，包括與他人溝通，都很難用一個步驟就解決。因此，我們要學習了解問題的全貌，而不能過於短視。很多時候，委婉的、以退為進的方式，比直接的方式更容易達到目標。

有效溝通的「四不一要」原則

「不要」讓對方覺得受到威脅。不論對象的位階比自己高或低，溝通時不要讓對方覺得受到威脅是很重要的。一個很重要的原則是，先肯定對方論點中你贊同的部分，再用委婉的方式提出你的看法。這不像一般人以為的場面話或客套話那麼簡單，因為那些場面話或客套話任何人一聽都知道是假的。你必須真誠：真的肯定，真的委婉。

如果你是實習醫師，主治醫師比你經驗豐富，無論如何總是能教你一些東西。你仔細找出並肯定那些讓你成長的觀點，原本就是應該的。而且這也表示你是在學習，不是要挑戰他。當你試圖陳述自己的論點時，也應該避免使用「我對，你錯」的方式。你可以說你在學習的過程中有一些想法或觀察，不確定對不對，想說出來跟對方分享，也很希望聽到對方的看法。同樣地，這仍然是真誠的學習者的態度。

「不要」把氣氛搞僵。人在心情好的時候比較不會抗拒改變，也比較容易被說服。如果你原本就有不錯的社交技巧，你可以試著改變氣氛。如果你不太懂得如何與人相處，至少要懂得察言觀色。對方如果心情不好，有些話你就留著以後等對方心情好時再說。

「不要」訴諸恐懼。恐嚇性的表達，例如「如果你怎樣做就會有怎樣的後果」，往往會引起對方的防衛。特別是對那些防衛心與自信心都非常強的人（例如你的主治醫師），訴諸恐懼未必有效。即使你認為是事實，不得不說，也得找到適當的表達方式。你要讓對方覺得你是真心想要幫忙，而不是想要害他。但也別忘了人是社會的生物，虛假的關懷我們一眼就能看穿。所以，此處的關鍵仍是真誠。

「不要」試著一次就完全改變對方的立場。現實是：除非是自願的，否則人們很難一下子就做出大幅度的改變。試著了解對方的立場，如果你想要對方接受的觀點，和對方心中相信的差距很大，被拒絕或引起防衛的機率通常很高。如果差距不大，對方就比較可能接受這一點點不一樣的部分。

「要」有同理心。這些看似彼此獨立的原則其實有個共通之處，那就是「同理心」。每一個原則都要求你盡量同理對方，盡量用對方可以接受的方式陳述自己的論點。我要強調的是，這不只是一種有效溝通的原則，更是一種為對方設想的態度。如果你只是想著如何利用這些原則，而沒有以同理心作為基礎，你就不會注意到許多細節，溝通也不會有效。

結語

人際間的衝突，十之八九是因為誤解而起。掌握有效溝通的原則並適時運用，對一般人來說，可以讓生活中的不愉快少一點。對於在醫院這樣重視團隊合作的環境工作的專業工作者來說，則可以確保資訊充分交流，降低理解、判斷或決策錯誤發生的機率。希望大家都能夠少一點「命令」與「表態」，多一點真正基於同理心、為對方設想的溝通。如此，生活必定更愉快，工作也會更順利。

角色與自我

在特定環境與團體中認識你的人，看到的都是你的同一面，都是你的某個角色。就像我們永遠只能看到月亮的同一面。

高雄市文化中心是我經常散步休閒的地方。有一天我和平常一樣去散步，草坪上也和平常一樣聚集了嘰嘰喳喳覓食的麻雀。但不一樣的是，其中有一隻白色的文鳥。牠跟著一群麻雀飛下來，遇到驚擾也跟著飛回樹上。但別的麻雀在樹上繼續嘰嘰喳喳，這隻文鳥卻獨自停在樹梢。這畫面讓我想到人的角色與自我。

在生活或工作的每個不同的環境與團體中，我們都必須扮演不同的角色：父母、子女、死黨、情人、配偶、學生、老師、員工、主管、顧客、部屬、黨員、教徒……，每一個角色都表現出一組與其他角色不同的行為。而每個環境與團體也對成員的行為有一些規範（很少是明確的，多半是內隱的），進一步影響我們的行為。

當我們進入一個角色的時候，我們也暫時跟真實的自我保持了一點距離。小時候，我們還有離開學生與子女的角色回歸自我的時候。隨著我們的社會化，隨著我們的生活與工作愈來愈複雜，多半時候，當我們離開了一個角色的時候，也是進入另一個角色的時候。我們很少有機會回歸自我。

我們的人生就像這樣持續不斷地在不同的角色間進出。就像《怪醫豪斯》（*House*）第三季第十二集〈一天，一個房間〉（*One Day, One Room*）裡的那位叫Eve的病患說的：「人生就像一系列的房間。那些房間，以及那些跟我們被困在同一間房間的人，串成我們的人生。」

隨著我們的角色愈來愈多，真正認識我們的人也愈來愈少。在特定環境與團體中認識你的人，看到的都是你的同一面，都是你的某個角色。就像我們永遠只能看到月亮的同一面。認識你的某個角色的人愈來愈多，認識完整的你的人卻愈來愈少，所以我們經常感到寂寞。

有時候，甚至連我們自己都會忘了真實的自我是什麼樣子。等到我們重新找到那個自我，我們往往感到陌生。那個自我不再是我們記憶中的純真年代的自我，而是被我們的各種角色重新塑造的自我。是的，有些部分永遠不會變，但有更多的部分在我們不知不覺間改變了。

就連在網路上也一樣。現在的網路與工作及生活緊密結合，大部分的時候，我們在網路上的行為也是某個角色的行為。

但網路的公開性也有個好處，那就是超越實體環境，讓某個團體以外的人也能看到你的特定角色的行為。所以不論是在部落格、Twitter或Facebook上，我不會刻意強調「單一的真實自我」，而是盡量把大部分角色的面貌都呈現出來，讓一個場域的朋友看到我在另一個場域的樣子。也許會有矛盾與衝突，但全部加起來平均一下雖不中亦不遠矣。這個維持多樣性的過程，也可以幫助我重新認識自己。

你呢？你如何統整自己的各種角色？又如何重新認識那個隱藏在角色之下，卻又與角色互相影響的自我？

尋找自我

如果沒有一點警覺，到最後甚至會把別人的看法當成自己的。於是每一次自以為的挑戰，充其量只不過是從順從一群人轉變為順從另一群人罷了。

林書豪在加盟美國職業籃球休士頓火箭隊的記者會上，如此回應外界對他的各種評論：「對我來講，我始終把重心放在為上帝打球，不要太在乎他人的期待。」我喜歡這句話。每個人都應該要有一個更高層次的目標，才不會陷入世俗的短視與糾結。

如果你不像林書豪一樣能夠為上帝做自己正在做的事，就為自己做吧。人有的時候還是需要一點點的任性，一點點的自我中心，一點點的目中無人。你要記得經常提醒自己：「自我為貴，角色次之，旁人的眼光與期待為輕。」

說起來容易，做起來難。尤其是在台灣社會，要完全不在意別人的看法是件很困難的事。一個人大方展露自信往往被批評為「臭屁」，堅持自己與其他人不同的看法就是「自以為是」，不在意別人的眼光則是「目中無人」。這種見不得別人好的文化，有時的確會迫使你放棄對自我的追尋。

如果沒有一點警覺，到最後甚至會把別人的看法當成自己的。很多人挑戰傳統之前沒有先找到自己，於是每一次自以為的挑戰，充其量只不過是從順從一群人轉變為順從另一群人罷了。就像很多人把史蒂夫·賈伯斯（Steve Jobs）說的，「你們的時間有限，所以不要浪費時間過別人的生活」牢記在心，但很少真正做到。不是因為不懂道理，而是不知道自己過的其實是別人的生活。

當世界變得愈來愈複雜，就愈來愈不可能有跟你一樣的人。尋求同理很難，尋求認同更難。在現在這個世界，人們比以前更需要將自我從他人的期待中抽離。

在這個過程中，你會開始質疑自己的聰明才智：我是否聰明到比別人都更了解我遇到的問題，以及我自己？這是個孤獨的過程，但很有存在感，很有力量。

而當你的年歲漸增（例如來到中年），原本就有個別差異的性格與智慧，再與各種人生經歷交互作用，讓你變得愈來愈獨特。你的外界參照點愈來愈少，只能依賴自己的判斷。因此，對自己與世界的了解就更重要。

如何找到自我？當你遇到感興趣或困難的問題時，請克制參考前人做法的衝動。先嘗試獨立思考，直到覺得來到自己聰明才智的極限，再去請教別人或觀摩別人的作品。如此，一次又一次將自己推向並超越極限，自我的輪廓也會愈來愈清楚。

最後，尋找自我不代表封閉自我。你還是需要足夠的人際智慧，才能知道如何避免自己的獨特性對他人造成困擾或被他人的行為困擾。你也需要足夠的溝通能力，才能讓別人了解你的獨特性，並讓你的獨特性發揮對別人的影響力。你更需要學習與探索的能力，才能持續更新自我與世界的連結。

PART 2

思考大於空想，培養邏輯思辨能力

為什麼看不懂？

對於從小就習慣被告知唯一的標準答案、不習慣自己思考的台灣民眾來說，某些留給觀眾想像空間的電影，是會讓他們內心感到不安的，因為他們看完無法和別人「對答案」。

我在電影院看電影的記憶大約可以回溯到三十五年前，最早有印象的是一九七七年張曾澤導演的《筧橋英烈傳》。當時年幼不懂國家興亡戰爭生死，印象最深的還是來自視覺效果——空戰！此後我就一直很愛看電影。台灣或西洋，藝術或商業，都看。

一九九四到二〇〇一年我在美國念書，剛好也是台灣電影工業較沒落的時期。少了類型片，多了獨立製片的電影。二〇〇一年回到台灣，在一個偶然的機會看了蔡明亮導演的《你那邊幾點》，也聽蔡導演談他的理念。座談結束後，我心中「台灣竟然有這樣的導演可以拍出這樣新鮮的電影」的激動，久久未能平息。

後來，又看了《天橋不見了》。同樣地，也很幸運能夠再次聽到蔡明亮談他的電影。《天邊一朵雲》與《黑眼圈》上映前，蔡明亮又開始他緊湊的演講行程，而我也想辦法抽空出席。我問他，把電影上映前的宣傳重心放在大學生和中學生身上，是不是代表放棄改變那些已經畢業的成年人的機會？他說當然沒有，只要有機會他還是會做。只是他覺得能做的有限，應該要從教育層面著手。

的確，該從教育著手。電影已經是所有藝術形式之中最通俗的了。事實上，任何人都有能力欣賞任何形式的電影，只要願意接納與嘗試。電影也是一種健康的、暫時性的解脫，讓人們暫時離開現實，進入想像世界。

我在高雄醫學大學任教時曾經開過一門叫「心理學與電影」的課，從認知心理學的觀點談電影的欣賞與理解。我也進入社區談「看電影」這件事。例如我在高雄市電影館作過一系列關於電影的演講，也主持過幾場電影的映後座談。我注意到很多人會覺得自己看不懂某部電影。這種「看不懂」的感覺從何而來？

看電影和閱讀其實很相似。閱讀是一種主動建構的歷程，讀者要能夠使用背景知識來理解語言，在心中建構一個抽象表徵。因此，閱讀不只有助於語文學習，更有助於想像力與抽象思考能力的建立。看電影也一樣。觀眾不是被動地接收影像與聲音，而是主動加上自己的背景知識來理解電影，並在心中形成一個整合的抽象表徵。

理解是將知覺到的語言、影像與聲音，結合了包括人生經驗在內的背景知識，主動建構出抽象表徵的歷程。**每個人的人生都不一樣，也就沒有任何人在看完一部小說或電影後，會有完全相同的理解與體會。**

用閱讀來類比電影。有些電影就像教科書，文句盡量清楚，且希望每個人閱讀後都建立非常相近的表徵。另一些電影大概就像是沒有明確結構與結局的短篇小說，讀者的人生經驗對理解過程的影響，相對而言就大得多。所以，每個讀者理解的結果，彼此差異一定比較大。

對於從小就習慣被告知唯一的標準答案、不習慣自己思考的台灣民眾來說，某些留給觀眾想像空間的電影，是會讓他們內心感到不安的，因為他們看完無法和別人「對答案」。但這其實不是電影的問題，而是文化與心理的問題。

十六年前，我藉著到紐約訪友的機會參觀了現代藝術美術館（MoMA）。第一次去，不太了解有哪些重要館藏。當我經過Matisse的Dance時，我嚇呆了。之前抱著一本比電話簿還厚的美術史當睡前讀物每天讀時，就很喜歡這幅畫。突然間看到高兩百六十公分、寬三百九十公分的原畫出現在面前，真是又驚又喜。我在畫作正前方的椅子坐下，盯著那幅畫看了好久。附帶一提，我喜歡的另一幅Matisse的畫作The Red Studio也在MoMA。

如果你問我看不看得懂，我會說我不知道。看到這兩幅畫時，我的美術史知識都忘光了。不過我很高興我忘光了，因為我可以不帶任何偏見也不作任何假定地欣賞這些畫作。那種喜歡與喜悅，很單純，也很真實。

看電影也是一樣。任何人其實都有能力欣賞任何型態的電影，只要願意接納與嘗試。許多人覺得看不懂某些電影，那是因為他們帶著太多的假定與預期去看電影。當電影不符合他們的假定與預期，他們就覺得困惑。這樣的困惑，就會讓有些人覺得電影不好看或看不懂。換句話說，當我們覺得看不懂某些電影時，往往不是電影本身的問題，而是我們沒有給自己足夠的自由度，讓自己可以完全投入電影之中。

成年人「看不懂」的感覺，反映了想像力與抽象思考能力的僵化，但台灣的孩子們還是喜歡閱讀與想像的。如果你進入中小學觀察就會發現，孩子們或許不喜歡讀教科書，但讀小說卻可以讀到廢寢忘食。如果我們的教育能夠少一點標準答案，並且藉由閱讀與看電影的引導多給學生一些思考的自由，他們長大以後的思考會更有彈性，也會比他們的上一輩更懂得體驗生活。

解決問題的能力

人生是一場浩大的工程，我們的生活則是由一個又一個的工地組成。學習在這些人生的工程中發現並解決問題，是一輩子的修練。

跳樓逼婚，槍傷女友，教練殺死深愛的學生，計程車司機為排班衝突互毆。每當看到人們用互相傷害的方式解決問題時，就有很多人會問：我們的社會怎麼了？從心理學的觀點，這些表面上看起來沒有關聯的事件，其實具有同樣的深層本質：這些事件的當事人解決問題的能力極差。更嚴肅的是，這似乎是台灣社會普遍的現象。

不論是下棋、數學題，或是生活中、工作上的大小事，問題解決都是改變現狀的過程。藉由各種方式，逐漸改變現狀以達到預先設定的目標。從下第一手棋到將軍，從他不愛我到他愛我。其中必有阻礙，不會有只要一個步驟就可以完成的明顯解法；只是套公式就可以解決的問題，就不是問題了。

沒有公式，就必須冷靜分析並擬定解題計畫，更必須容忍過程與結果的不確定性。不論是以死相逼或暴力相向，都反映出當事人設定了錯誤的目標，或是錯誤地期望只用一個步驟就達到目標，或兩者皆是。這些錯誤的假定，都反映了沒有分析與計畫的能力。

就像叛逆的青少年，藉由誇張地裝扮自己強調自己與眾不同。然而，那些嘗試只反映了認同危機的開端，並不能幫助他們度過危機。認同危機要能夠化解，與眾不同不是重點。關鍵在於藉由充實自己以增加自信，了解並肯定自己的能力，才能建立自我認同。認同是一個沒有公式的問題，需要智慧去解決。只是很單純地以為強調自己跟別人不一樣就能建立認同，是不切實際的。

問題解決能力需要長期的培養，而教育的主要目標之一，正是訓練孩子們解決各類問題，並將累積的經驗應用於生活中。但是，看看台灣的教育現狀：為了應付升學考試，學校只重視升學考試會考的科目，甚至讓學生直接背公式，否則考卷寫不完。師長只在意學測組距，沒有人在意孩子學到了什麼。這些孩子長大以後，如果用以死相逼或暴力相向的方式解決工作和感情上的問題，或用「我不要跟你一樣」的心態解決自我認同的問題，你也就不會覺得訝異了。

「讀書，讀書，愈讀愈輸。」小時候的玩笑話，成了長大後的恐怖夢魘。讀書當然重要，但更重要的是學習的過程。**問題解決能力的培養，比解答的記憶更重要。**如果只在意快速獲得解答，而輕忽尋找解答的過程，那就真的會愈讀愈輸了。

人生是一場浩大的工程，我們的生活則是由一個又一個的工地組成。學習在這些人生的工程中發現並解決問題，是一輩子的修練。如果正規的教育系統沒有給我們機會練習，我們就自己找機會。生活中的習慣與習俗，某種程度上也像是解題公式。如果我們能夠練習忽略那些習慣與習俗，從零開始思考生活中的問題與解法，那麼我們的問題解決能力不僅會逐漸進步，更能夠突破框架，為自己的思考與生活帶來更多的自由。

菜市場名的背後

父母的命名態度男女有別。如果是為兒子命名，就會很用心選字，務求名字響亮有意義。如果是為女兒命名，通常就是好聽就好。

每年八月，大學考試分發入學放榜時，網路上就會掀起一陣「菜市場名」熱。人們都有好奇心，都想知道哪幾個名字最常出現。我也是，所以我自己也經常作統計。但我也想提醒，名字的頻率分布，不是只有娛樂價值，它其實可以告訴我們很多事。

我分析過一九九四年到二〇一二年的榜單。十八年前與十八年後，最常出現的名字，有些不太一樣。例如十八年前，「淑娟」、「淑惠」、「俊宏」、「志宏」都在出現頻率最高的前二十五名，但這些名字早已掉到二十五名外，取而代之的是「雅筑」、「佳穎」、「冠宇」、「冠廷」這類的名字。不同世代的家長，為子女命名的風格與用字的喜好，確實有些不一樣。

一個值得深思的現象是，十八年前，不論是前二十五名或前一百名的名字，都有三分之二的名字是女性的名字。這個三分之二的比例，在最新的統計仍然完全一樣。

我們知道男女考生比例相當，這個三分之二的比例反映的，其實是父母的命名態度男女有別。如果是為兒子命名，就會很用心選字，務求名字響亮有意義。如果是為女兒命名，通常就是好聽就好。於是，男性的名字獨特性較高，有同樣名字的比較少，女性的名字獨特性較低，有同樣名字的比較多。一般人可能沒有意識到這樣細微的態度差異，但從大樣本的統計是可以看得很清楚的。

台灣社會就像傳統華人社會，一直重男輕女，命名態度當然男女有別。今年要念大學的這一代，都是在解嚴後出生的。他們的父母則成長於解嚴前的傳統台灣，為子女命名的態度多少反映了傳統的性別刻板印象。

如果今年大考榜單所謂「菜市場名」的分布，反映的是十八年前的價值觀，我們更應該觀察的是，十八年過去了，兩性在台灣社會是不是更平等了。

我其實有點憂心。因為每年大家談到「菜市場名」的話題，還是把焦點放在女性且帶有貶抑的態度，例如每年媒體都要大幅報導的「雅婷vs.怡君」虛擬賭局。在立法院通過性別平等教育法後，還是看到這樣的現象及部分媒體報導的態度，總讓人覺得有些遺憾。

每年統計大考榜單上哪些名字最常出現，其實是一件很有啟發性也很有樂趣的事。台灣人應該可以更敏感，更懂得反省，也更有同理心。希望明年的這個時候，大家都能不再帶著歧視與偏見，來享受大考榜單常見姓名統計的「放榜」樂趣。更希望在不久的將來，我們的下一代能夠真正有機會在性別平等的環境下，健康快樂地成長。

被騙的為何是你？

每次一則謠言被轉寄，都有一個人做了判斷與決策：判斷內容為真，並決定將信轉寄出去。

詐欺集團猖獗，台灣人不分族群、黨派、年齡、性別、職業、學歷，統統被騙。政府雖已宣示掃蕩詐欺集團，但現象本身還是令人困惑。

平心而論，人不是百分之百理性，總有被騙的可能性。但是每月三千多人被騙，也太誇張了。詐欺集團不可能是現象的唯一成因，一定還有著更深層的因素。

先談輕鬆一點的現象。網路上總是不斷流傳著一些謠言，例如「螞蟻會從耳朵跑進腦部」、「去泰國玩會被迷昏偷腎」、「炸蟑螂會使回鍋油變清」。它固然是無傷大雅的詐騙（騙你把信轉寄出去），但也是一扇透視人性的窗口。每次一則謠言被轉寄，都有一個人做了判斷與決策：判斷內容為真，並決定將信轉寄出去。

哪些因素影響這樣的歷程？社會心理學家發現，訊息本身和讀者特性都有影響。網路謠言往往利用親身經驗或新聞報導的寫作手法，或是提到專業機構名稱，增加表面的可信度，讓內容看起來像真的。**一般讀者通常不會花很多時間處理訊息，對這類轉寄訊息的內容也不是非常熟悉，在這樣的情況下容易被一些似是而非的訊息說服。**

有了這樣的了解，再看現實世界中的詐欺案，你會發現，除了嚴重性，兩者其實沒有本質上的不同。人們同樣面對似是而非的訊息做判斷，並根據判斷結果做反應。詐欺集團對訊息的設計，大概又以最近「流行」的綁架詐欺最為精緻。它正是利用問題表面上的急迫性與情緒性，分散注意力、減少判斷時間，增加你被說服的機率。

讓人困惑的是，像是轉寄電子郵件這種小事，如果訊息在沒有被用心分析的情況下就被轉寄，是可以理解的，而且舉世皆然。但台灣人不僅容易被一些和網路謠言品質差不多的詐騙訊息說服，還接著轉幾萬、幾十萬，甚至幾百萬元給一個不認識的人，這就不只是詐欺集團的問題了。

很顯然地，民眾的判斷與決策品質及問題解決能力，都有很大的問題。而這樣的問題，又來自傳統的教育方式。我們的孩子在學校裡整天聽課考試，放學後去補習又是聽課考試，回家不是看電視就是累得半死倒頭就睡。週末如果不補習，也就是看電視打電動。請問，他們哪有時間培養面對模糊情境的獨立思考、分析判斷與決策能力？他們哪有時間訓練自己運用判斷力與創造力解決沒有標準答案的問題？在這樣的文化氛圍裡長大成人，當然就成了詐欺集團的潛在「客戶」了。

在這樣的成長過程中，孩子們很少被感動，多半是被父母師長用賞罰來管教；也很少真正被解釋，多半是被逼著接受一些事情。於是，當他們長大以後成為父母、老師、主管或官員，還是只懂得用他們成長過程中學到的那一套來對待別人。我開車時經常聽警廣。警廣宣導交通法規的模式，其實正反映了這樣的文化：某甲說不可以做某事，某乙問為什麼。某甲只說會被罰很多錢，未真正解釋為什麼做那件事會影響安全。人們不喜歡聽解釋，只想直接聽到可以或不可以做什麼。長期下來理解能力欠磨練，當然一天到晚被騙。

詐欺集團的猖獗，表面上是治安的危機，實際上則是教育的危機。然而，危機也是轉機。這剛好提供了一個機會，讓每位老師與家長都能靜下來，反省自己對孩子的態度及對教育的價值觀。當填鴨教育消失，民眾就不再容易受騙，詐欺集團也就不可能造成今天這麼大的困擾了。

排隊的心理學

你一定有這樣的經驗：挑了一個櫃檯排隊，結果旁邊隊伍中比你晚來的人卻先點餐結帳。你心裡一定不舒服。

「排隊」這事道理很簡單，先到先接受服務。但是，做起來難。想像以下情境。你來到一家有三個櫃檯、每個櫃檯前都有顧客在點餐的速食店。你會怎麼做？

在台灣，大部分的人都會挑一個排隊人數最少的櫃檯排隊。這種習慣的問題是，接受服務的順序未必和進到店裡的順序一致。你一定有這樣的經驗：挑了一個櫃檯排隊，結果旁邊隊伍中比你晚來的人卻先點餐結帳。你心裡一定不舒服。

回想我在美國生活的經驗，遇到同樣的情境，人們會主動形成單一隊伍。等到有一個櫃檯空出來，大家都知道輪到誰。有時大家就隨意站著，未必死板地排成一列，但都會注意一下順序。若不確定就問一下「隊伍在哪裡」。

如果進入同一家店的陌生人彼此之間互相確認入店先後順序的默契，在台灣社會是缺乏的，就需要透過設計來讓顧客知道「隊伍在哪裡」。常見的做法有兩種。一、發號碼牌記錄服務對象抵達的順序，讓先到的人能先接受服務。二、用伸縮圍欄把隊伍具體化，同時導引顧客進入隊伍。

這些方式並不完美。第一，即使人們能夠理解這些遊戲規則，缺乏輔助時又會回到舊習慣。第二，一般小本經營的店家未必有能力或意願購買這些設施。第三，這些設施在空間較小且排隊人數較少的情境，其實不是那麼適用。

是的，我的確看過小吃店用伸縮圍欄來導引排隊，但那是特例。而且這家店在戶外，空間夠，一般只有騎樓與室內空間的店家大概很難這麼做。

還有一些成本低卻同樣有效的解法。例如，在離櫃檯稍微遠一點的地方立個牌子，上面寫著「請排成一列」，並附上示意圖與詳細指示。這就足以讓顧客知道「隊伍在哪裡」了。

我印象最深刻的是一家小吃店的做法。小吃店通常沒有排隊這回事，顧客只能先占位再點餐。這家小吃店在入口處立了個牌子，上面寫著「請先排隊，領取餐點後會為您安排桌位」。先點餐先取餐先有座位，很公平。有些顧客一開始看到有空桌就想去占，後來注意到店家的規則也就乖乖配合。因為大家很快發現，這樣不僅公平，而且一定有位子。

比起號碼牌或伸縮圍欄，我更喜歡這些簡易的做法。不僅因為它們容易採行，更因為直接告訴顧客如何排隊的效果很好。我很期待台灣能像推動「垃圾不落地」一樣推動「排成一列」運動，重新塑造台灣的排隊文化。如果大小商家都能配合，幾年以後不需要任何輔助措施大家也會知道如何排隊了。

閱讀作為一種技能

我們的生活環境中到處都是文字，閱讀技能不熟練的人適應環境會有相當大的困難。適應環境，才是閱讀技能最根本的價值。

台灣各級政府與學校都非常重視閱讀，也經常舉辦推廣閱讀的活動。推廣閱讀的動機當然值得肯定，然而大家對「閱讀」的看法，似乎過於侷限在「文學」和「書籍」等閱讀材料的內容和媒介上，忽略了更根本的閱讀技能的培養。

閱讀技能十分複雜，涉及了由低至高各層次的認知歷程，以及不同歷程間的交互作用。閱讀技能並非與生俱來，需要反覆的練習才能熟練，也不是每一個人最終都能熟練地閱讀。我們的生活環境中到處都是文字，閱讀技能不熟練的人適應環境會有相當大的困難。適應環境，才是閱讀技能最根本的價值。

人們當然可以藉由閱讀文學作品充實人文素養，但前提是要有熟練的閱讀技能。許多成年人的閱讀技能都算不上熟練，更不用說是還在學習閱讀的孩子了。推廣閱讀應該以「閱讀作為一種技能」為主軸，才有實質意義。從這個觀點來看，可以喚起閱讀興趣或培養閱讀技能的材料很多，不應該只有文學作品。

我也注意到許多活動都與出版社合作，著重在印刷書籍的閱讀。印刷品在視覺經驗上的獨特價值，我基本上是肯定的。解析度高，能夠傳遞細緻的視覺經驗。光線經由紙面反射進入眼睛，讀起來也較舒適。相對地，電腦螢幕的解析度低，加上本身就是光源，讀久了眼睛很容易疲累。

但我們也不能否認，網路正在快速改變人們的閱讀習慣。我個人每天的閱讀時間有九成透過電腦螢幕，只有大約一成是閱讀傳統印刷品。當閱讀的媒介改變時，任何推廣閱讀的活動，也就不應只侷限於傳統的印刷品。

印刷品有獨特性，網路也有，而且在這幾年變得非常鮮明。早年如果要在網路上發表文章，就得自己寫網頁，現在的部落格讓任何人都能方便地在網路上發表文章。可以在網路上閱讀的材料，不論是質和量，都變了。才不過十年前，我早上起床的第一件事，還是閱讀主流媒體網站上的新聞，最近幾年則是閱讀我訂閱的部落格的新文章，以及Facebook上朋友們分享的資訊。我這個中年人尚且如此，更不用說那些比我更年輕的世代了。

這個時代人們的閱讀經驗，主要是透過電腦與其他數位裝置培養出來的，而這樣的經驗會影響他們對印刷媒介的閱讀體驗。印刷作為非主流的閱讀媒介，應該要盡量適應人們的閱讀經驗，而不是堅持以資訊革命之前的舊面貌呈現。

最後，我想再次提醒：**閱讀是一種技能，是一種適應環境的能力**。推廣閱讀，在內容上不應該侷限於文學，在媒介上不應該侷限於書籍。如此，才能真正喚起人們對閱讀的興趣，讓人們願意主動磨練自己的閱讀技能。

如何面對讀者意見

如果你經常在網路上分享，請務必記住，你看到的迴響不代表所有讀者的意見。在寫作時，不要只想到那些發表迴響的讀者，也要想到大部分沉默的讀者。

網際網路普及以後，許多人會在網路上分享自己的想法。這些分享的平台多半也有迴響功能，讓作者能夠很容易看到讀者的意見，也讓讀者能看到彼此的意見。很多作者重視這些意見，卻忽略了一項關鍵事實：只有少數讀者會發表迴響，絕大多數的讀者都是沉默的。

這些沉默的讀者只是不習慣或覺得沒必要發表迴響，未必就認同或反對你的文章或其他讀者的迴響所傳達的觀點。這麼說吧，讀者主動發表的迴響，並無法代表所有讀者的共識。

認知心理學家發現人的思考有個特性，就是會依據能否想到相關的例子，來判斷事件的機率。想到的例子愈多，就覺得機率愈高。試著回答這個問題：「英文詞中以『R』開頭的比較多，還是『R』在第三個字母位置的比較多？」大部分的人會說是前者，事實上，正確答案是後者。為什麼覺得是前者？因為一般人很容易想到「R」開頭的詞，卻不太容易想到「R」在第三個字母位置的詞。

作者也是人，當然會受到這個特性所影響。他們讀了迴響之後，在記憶中就有了一些印象。當他們問自己「讀者對我的文章有什麼想法」時，想到的都是迴響的內容，於是就高估了讀者之中有某種看法的人的比例。有些作者甚至會因此而相信他們看到的迴響，就等於大部分讀者的意見。

作者如果對讀者的特性有了不適當的假定，寫作必然受到影響。一個比較極端的狀況是，作者最後只寫給那些常發表迴響的人看。抵達這個極端的循環是這樣的。作者如果寫了常發表迴響的人喜歡的文章，他們因為高興就發表更多迴響。作者如果寫了反駁常發表迴響的人的文章，他們因為生氣也發表更多迴響。更多的迴響增強了作者對於讀者特性的錯誤認知，也增強了作者為發表迴響的人而寫的行為。

迴響除了與作者有關係，與閱讀迴響的讀者也有關係。其他的讀者讀過迴響以後，同樣地也會高估了讀者之中有某種看法的人的比例。他們也有可能會認為，你的讀者之中，大部分都是像發表迴響的人那樣的。當他們那樣想的時候，就會影響他們對你的印象。

人在現實世界中與其他人互動時，會根據一些可以看得到的表面訊息，例如外貌、髮型、服裝、談吐、眼神、肢體語言等，很快地對一個人形成整體的印象。這個印象形成的過程，當然不會非常準確。一方面是因為基於有限的訊息作推論，一方面則是很容易受到刻板印象所影響。但是，我們無法阻止別人對我們形成印象。

在網路上也是一樣。讀者會根據你談論的主題、你的用字遣詞，甚至是標點符號的使用，來形成對你這個人的印象。你的讀者覺得其他的讀者都是哪些人，當然也會影響你在他們心中形成的印象，就像我們平時根據你跟哪些朋友往來，來判斷你這個人一樣。如果讀者誤以為迴響具有代表性，而據以形成對你的印象，那樣的印象很顯然地就失去了準確性。

一旦沉默的讀者對你、對其他讀者形成了印象，那樣的印象就會影響他們的行為。如果他們覺得你的讀者「都是」某一類型的人，而他們並不屬於那個類型，他們可能就會選擇繼續沉默。如果剛好遇上一個專門為迴響而寫的作者，沉默的讀者甚至有可能選擇離開，不再閱讀你的內容。

如果你經常在網路上分享，請務必記住，你看到的迴響不代表所有讀者的意見。你當然應該感謝並重視那些願意主動發表迴響的人，也應該根據迴響所提供的訊息，幫助自己學習與成長。但是，在寫作時，不要只想到那些發表迴響的讀者，也要想到大部分沉默的讀者。只要對迴響的代表性有正確的認識，也不要對迴響過度反應，相信你還是可以快快樂樂地寫作，也還是可以維持你自己的主體性。

PART 3

觀察甚於忽視，洞察力俯拾皆是

當我們離開地球

「太空探索，就像對人生的探索一樣，只要你去嘗試，就是有風險的。我們必須願意去接受那樣的風險。」

《從地球出發：NASA任務50年》（*When We Left Earth: The NASA Missions*）是Discovery頻道於二〇〇八年播出的一系列六集紀錄片，從人性而非科技的觀點回顧美國國家太空總署（NASA）一九五八年成立五十年來載人太空任務的歷史。美國與台灣的首播日分別是二〇〇八年六月八日與九月七日。全系列共六集皆以人為中心，從人性而非科技的觀點看太空任務。這是我看過最好的太空任務紀錄片。

我在人類首度登月那年出生，但是對第三、四集回顧的阿波羅（Apollo）計畫，反倒沒有直接的印象。畢竟阿波羅計畫結束那年我才四歲，而我幾乎沒有任何四歲以前的記憶。包括第一、二集回顧的、阿波羅之前的水星（Mercury）與雙子星（Gemini）計畫，都是識字後從書上讀到的。當然，書上談的都是科技。這次Discovery頻道的紀錄片，特別是相關人員訪談的部分，讓我對這些太空計畫獲得了另一個層次的理解。

我對美國的太空任務有直接的印象，是從第五集回顧的太空梭計畫開始的。我還記得念小學的時候，在電視新聞畫面中看到改裝過的波音747背著企業號（Enterprise）太空梭飛上高空，然後放開它，讓它自由滑翔落地。那是三十五年前，也就是一九七七年的事了。企業號並沒有引擎，純粹是測試用的。但從它的命名，你就不難理解當年它在人們心中的意義。

小學時期常看與太空探險有關的科幻影集。除了《星艦迷航記》（*Star Trek*）外，還包括一九七八年的《星際大爭霸》（*Battlestar Galactica*）。後者對小時候的我來說，很有吸引力。一群住在遙遠宇宙的人類，居住的星球被機器人毀滅，僅存的人類離開自己的星球，在太空中尋找傳說中的地球。三十年後，看著以「當我們離開地球」為名的紀錄片，很難不想起這部影集。

一九八六年一月二十八日，挑戰者號（Challenger）太空梭在升空七十三秒後爆炸，七名組員全部罹難。我會透過電視觀看發射轉播，跟許多人一樣，是因為這次任務的組員之中有一位並非專職的太空人或科學家，而是中學老師。我也跟許多人一樣，很難忘掉太空梭在眼前爆炸的畫面。因為過去太空梭任務的成功，在此之前，包括NASA，都低估了太空探索的風險。

正是在這一年，我第一次接觸到大導演史丹利庫柏力克（Stanley Kubrick）的《2001太空漫遊》（*2001: A Space Odyssey*）。這部比我還老一歲的電影，影響了我對太空探險、對電影，以及對世界的看法。也因為這部電影的關係，我對後來的國際太空站任務，也就是第六集回顧的主題，特別有興趣。從一九九八年國際太空站的第一個組件被送入軌道，一直到今天，我都會經常上國際太空站的網站了解最新消息。

二〇〇八年剛好是《2001太空漫遊》四十週年。NASA在國際太空站的網站上，製作了一個叫作「一九六八年的幻想成為今日的現實」（1968 Science Fiction is Today's Reality）的專題，從太空站的結構、太空人在站內的生活，以及太空漫步等面向，來比較電影中想像的太空站與今日真實的太空站。國際太空站的太空人還特別傳送一段訊息回地球，向這部電影致敬。

《2001太空漫遊》啟發人們的想像，但某個程度上也規範了人們的想像。電影裡的太空梭像飛機，後來真實的太空梭也像飛機。機翼在太空中又用不到，要那對機翼幹嘛？二〇〇三年二月一日哥倫比亞號（Columbia）重返地球時，因機翼下方的隔熱磚破洞導致太空梭爆炸解體，七名組員全部罹難。隔熱磚的破洞，則是因為升空時一塊公事包大小的泡棉高速撞擊所致。升空時用不到、在軌道上也用不到的機翼受損，導致返航時發生意外。

太空梭的複雜性，也為它帶來額外的風險。哥倫比亞號發生意外後，整個機隊停飛了兩年半。這兩年半的期間，載運人員與物資往返國際太空站的任務都由俄羅斯負責。許多人都是從這個時候重新開始注意俄羅斯載人往返太空的方式，也為它的簡單與可靠感到驚訝。中國的神舟計畫，就參考了許多俄羅斯太空船的設計。就連美國下一代的太空梭，也會比現在的更輕巧、更簡單。

一九七二年最後一位登陸月球的太空人Gene Cernan在哥倫比亞號太空梭發生意外之後，說過這麼一段話：

「好奇心是人類存在的本質，長久以來探索就是人類的一部分。太空探索，就像對人生的探索一樣，只要你去嘗試，就是有風險的。我們必須願意去接受那樣的風險。」

好奇心是人類存在的本質。十年來，我的電腦桌面一定是一張NASA將不同衛星在夜間拍攝到的地球上的燈光組合而成的地球全圖。這張圖可以在NASA的「Visible Earth」影像資料庫的「Earth's City Lights」頁面下載。這個從幾百公里外看地球的桌面是一種提醒，提醒我永遠不要失去探索未知的好奇心，永遠不要失去被感動的能力。

最後，《從地球出發》的配樂（Richard Blair-Oliphant作曲）也值得一提。這段反覆在片中出現的旋律，同時讓人感受到太空任務的氣勢與格局，以及探索未知世界的風險與不確定性。比起許多科幻電影一派樂觀的配樂更有現實感，很能展現這個系列紀錄片的企圖心，也更能觸動觀眾的心。

太空任務的人性啟發

「要做到我們做到的那些事，你必須有一點傲慢。」

《從地球出發：NASA任務50年》是Discovery頻道於二〇〇八年播出的一系列六集紀錄片，從人性而非科技的觀點回顧美國國家太空總署成立五十年來載人太空任務的歷史。當年在電視上看了非常喜歡，於是買了DVD再看一次。本文彙整了觀看時記錄下來的印象深刻的片段。

一、先鋒英雄（*Ordinary Supermen*）

一九五九至一九六三年間的水星（Mercury）計畫目標是送人上太空。

一九六一年五月五日，NASA準備將搭載太空人Alan Shepard的自由七號（Freedom 7）發射升空。發射前出現不少技術問題，拖了數小時仍未解決。控制中心沒人敢做決定，因為之前從未把人放在由飛彈改造的火箭頂端發射過。最後由在太空船中等到受不了的Alan Shepard做了決定：就發射吧。資深太空記者Jay Barbree回憶，Shepard在引擎點火前一刻只對自己說了一句禱詞：

「別搞砸了。」

二、漫步太空（*Friends and Rivals*）

一九六二年九月十二日，美國總統甘迺迪在演說中宣示將在六〇年代結束前登陸月球。他說，「不是因為容易，而是因為困難。」當時NASA才剛開始學習如何將人送上地球軌道，很多人覺得這是個傲慢的宣示。參與為登月任務而展開的雙子星（Gemini）與阿波羅（Apollo）計畫、也是最後一位登月的太空人Gene Cernan，回憶當年計畫成員之間激烈的競爭與緊密的合作時說：

「要做到我們做到的那些事，你必須有一點傲慢。」

三、老鷹號登月（*Landing the Eagle*）

一九六七年一月二十一日，阿波羅一號（Apollo 1）任務在地面進行模擬時不幸發生意外，三名太空人死於著火的太空艙內。這是美國第一次有人員在太空任務中罹難。阿波羅計畫太空人Gene Cernan回憶：

「阿波羅一號也許是一個催化劑，讓我們重拾心情重新出發。從此以後我們不再只是把任務完成，而是把任務正確地完成。」

一九六八年十二月的阿波羅八號（Apollo 8）任務是人類第一次離開地球軌道，也是人類第一次進入月球軌道。任務指揮官Frank Boreman的妻子Susan Boreman回憶：

「每次飛行都像是一個大型的家庭宴會，所有的妻子與丈夫、所有的人都來了。」

阿波羅八號任務太空人Bill Anders，回憶他在月球背面看著遠方的地球從月球的地平線升起（Earthrise）時的感觸：

「很諷刺。我們大老遠飛來研究月球，卻發現了地球。」

四、太空前哨站（*The Explorers*）

一九六九年十一月的阿波羅十二號（Apollo 12）任務太空人Alan Bean，回憶阿波羅十三號（Apollo 13）的意外時說：

「你是一個太空人，你就得接受大量的風險。如果你不能接受風險，別當太空人。」

一九七三年五月，美國發射第一個太空站天空實驗室（Skylab）。進入地球軌道後，太空站被發現嚴重受損。NASA進行了數次把太空人送上軌道修復太空站的任務，終於恢復太空站的運作。退休的任務指揮官Gene Kranz回憶：

「太空基本上測試的是我們的生存能力；我們使用非常有限的資源發明新事物的能力。你必須使用每一樣東西，而且必須盡可能用最有效率與效能的方式使用它們。」

五、太空梭起落（*The Shuttle*）

一九八一年四月十二日，NASA進行第一次太空梭任務（STS-1）。以往的太空計畫都會先進行無人任務再進行載人任務，太空梭第一次進入軌道就載了人。因為風險極高，哥倫比亞號（Columbia）太空梭只搭載兩名組員，John Young與Robert Crippen。資深太空記者Jay Barbree回憶：

「太空梭的一切都得在第一次任務就開始運作。這是之前沒有過的事。而這兩個（不怕死的）白痴，就這樣搭上這艘太空船。」

這次高風險任務的指揮官John Young回憶當時的心情，謙卑地描述這件要極大勇氣才能做到的事：

「我不知道任務是否危險。我們不夠聰明，無法得知它是否危險。」

一九八三年四月四日，挑戰者號（Challenger）太空梭在升空七十三秒後爆炸解體，七名組員全部罹難。美國總統雷根發表如下聲明：

「我們永遠不會忘記他們，更不會忘記今天早晨，我們最後一次見到他們。他們正準備展開他們的旅程，揮別地球，去觸摸上帝的臉頰。」

哈伯（Hubble）太空望遠鏡在一九九〇年由太空梭送上地球軌道，開始運作後，地面的科學家卻發現哈伯的鏡片規格有誤，以致無法對焦。一九九三年負責執行維修任務的太空人之一，Jeff Hoffman，回憶他當初得知哈伯出問題時的感覺：

「怎麼可能發生這種事？我的意思是，難道你們這些傢伙不知道怎麼建造望遠鏡？」

六、定居外太空（*A Home in Space*）

發現哈伯太空望遠鏡出問題後，NASA在一九九三年派了一組太空人升空修復哈伯。密集的太空漫步完成後，哈伯終於能夠正常運作。當時的任務科學家Ed-

Weiler回憶他對這問題百出的太空望遠鏡終於沒問題的感覺：

「我的感覺就像，『這不可能。我一定在作夢。沒有東西出錯。這不可能是哈柏。』」

成功完成維修哈伯的複雜任務後，美國與俄羅斯開始聯手打造國際太空站（International Space Station）。俄羅斯經營太空站的經驗比美國多，因此NASA派人赴俄羅斯學習。太空梭飛行員David Wolf回憶上課時的情景：

「我會看著桌子另一頭的同學，通常是俄羅斯空軍的飛行員。才不過幾年以前，我們接受的訓練還是把彼此從空中打下來。」

二〇〇三年二月一日，哥倫比亞號太空梭完成任務後重返大氣層時發生意外，七名組員全部罹難。太空梭任務整整暫停了兩年半。二〇〇五年七月二十六日，NASA在哥倫比亞號意外之後第一次發射太空梭。發現號（Discovery）太空梭的指揮官Eileen Collins回憶她當時的感覺：

「我們為了國家而飛。我們為了人性而飛。我們為了探索而飛。我們為了許多理由而飛。而我們不會因為意外就停止飛行。」

在第六集的片尾，一九七二年最後一位登陸月球的太空人Gene Cernan說：「好奇心是人類存在的本質，長久以來探索就是人類的一部分。太空探索，就像對人生的探索一樣，只要你去嘗試，就是有風險的。我們必須願意去接受那樣的風險。」

而退休的任務指揮官Gene Kranz說：「我們必須繼續向前。在太空中，停下來就是投降。」

結語

每一次的太空任務，都是一場把已知推向極限去探索未知的冒險。人生亦然。如果能從這些太空任務的人性啟發獲得一些領悟，我們的人生旅程必定會更精采也更有趣。

未完成的事

我不喜歡那個升學至上的環境，我喜歡自由的思考。有太多不確定的事情等我去理解，有太多有趣的事情等我去思考，而我被困在這個鬼地方。

某個下午，我坐在麥當勞的角落閱讀。累了，我把視線從書上移到用餐空間。前方的三張桌子各坐了一位中年男子。當晚我在Facebook跟朋友分享：「麥當勞靠落地窗的四張桌子坐了四位大叔。呃，包括我在內。」高中時期的一位好友如此回應：「從高中竟然到了大叔的年紀了。」

是啊！離開高中二十五年，當然到了大叔的年紀了。如果願意回憶，高中彷彿只是昨天的事。但過去這段期間我其實很少回憶高中生活，事實上大部分的時候我都在壓抑那些回憶。高中時期很多不快樂的回憶是自己比現在再年輕一點的時候很難面對的，多半都與自我認同有關。

例如：書怎麼念就是念不好的挫折感。高一數學學年成績不及格，補考過了升二年級。高二數學、化學學年成績不及格，補考過了升三年級。高三數學、化學、物理學年成績不及格，依規定不得補考，直接留級。當這個體制否定我的時候，我要如何面對自己？

不知道可以做些什麼的無力感。那幾年剛好是解嚴前後，我讀了很多學者撰寫關於台灣未來的書，甚至到高雄市文化中心圖書館把當年美麗島事件的資料全翻出來讀過一遍。我真的想做些什麼，卻不知道可以做些什麼。我該如何面對這個世界？

被困在高中動彈不得的窒息感。我不喜歡那個升學至上的環境，我喜歡自由的思考。世界在改變，我也在改變。有太多不確定的事情等我去理解，有太多有趣的事情等我去思考，而我被困在這個鬼地方。高三的導師在我的週記上寫著：趕快考上大學就可以做你想做的事了。當時我真的很想問他：你看我的成績像是考得上大學的人嗎？

不懂得處理人際關係的疏離感。想跟班上同學作朋友卻總是被孤立在外圍，怪異的個性有時連某些老師上課時也要來明嘲暗諷一番。沒有人際敏感度，不懂得如何平和地開始、維持與結束一段友誼或感情。我要如何才不會害怕受傷？我要如何才不會傷害別人？我要如何承擔不慎傷了人之後的罪惡感？

上了大學後，新的生活很快取代舊的，這些感覺跟著國中時期及更早的記憶很快被壓抑下來。久了就好像沒有任何十八歲以前的記憶一樣，但我竟然也這樣過了二十幾年。直到過了四十歲以後，來到中年，我才有勇氣重新處理那些感覺。就像完形心理治療（Gestalt Therapy）的未完成的事（unfinished business），我必須把它們找回來，才有可能為我接下來的人生找到多一點的快樂。

你知道嗎？當我開始回憶，我的感覺是溫暖的。是的，不快樂的事情都還在。但是我也憶起，那三年我認識了不少好朋友。有些是自己學校同班或社團的同學，有些是在學校對面唱片行認識的，有些是參加當時很流行的公辦舞會認識的，有些是參加自強活動認識的，還有些是筆友。我不能說沒有受過傷，但以我當年的個性竟然還交得到朋友，我是很感激的。大部分的朋友都相當包容我的任性。

這些年我常常想起二〇〇二年的電影《非關男孩》（*About a Boy*）裡的那句：「沒有人是一座孤島」（**No man is an island**），但從來沒有機會感受這句話在片中最後一次出現時的那種釋懷感。直到我終於憶起三年高中歲月，我才明白，沒有人是一座孤島。

我也不是。

午餐的藝術

午餐是一種藝術。好的用餐環境能讓你從工作環境中抽離出來，而這有很多好處。

我一直無法適應台灣的便當文化。你知道，就是中午在工作的地方吃便當，吃完後直接扭曲身子趴在仍能感受到便當溫度與氣味的桌子上，睡個品質通常不太好的午覺。或是中午在會議桌上邊吃便當邊開會，完全無法專心用餐。如果午餐的意義只剩下機械性地操作筷子將食物送進胃裡，人跟路邊把頭埋在被丟棄的便當盒裡，機械性地用舌頭將食物送進胃裡的狗，又有什麼兩樣？

我一直覺得，午餐是一種藝術。好的用餐環境能讓你從工作環境中抽離出來，而這有很多好處。你不僅不用睡覺就可以得到充分的休息，思考也可以獲得解放。後者尤其重要。在工作的環境待太久，思考往往會受到制約與限制。你走進那樣的環境，特定的思考習慣在你沒有意識到的情況下，就開始控制你了。如果中午至少有一段時間離開工作的環境，對創造力的促進是有幫助的。

所以，這麼多年我一直很堅持絕對不在工作的環境用餐，除非必須開會或因為其他原因有人提供了便當。大部分的時候，我一定離開工作的環境，找一家能讓我放鬆心情的餐廳用餐。萬一真的沒有時間離開，我寧可在便利商店買一瓶牛奶來喝，直接跳過正常的午餐。那種離開的動機太強烈，我還曾經用過「逃亡」一詞來形容這件事。

我對食物品質沒有太大要求，不要太難吃就可以了。我比較在意環境。說在意其實也還好，就是兩個條件：第一，乾淨。除了食物要衛生，牆面、地面、餐具、桌椅都要乾淨，桌面更要乾淨到我可以把手肘或手臂放上去而不會弄髒自己。第二，寬敞。空間要大到沒有壓迫感，大到讓我有多一張椅子放我那經常有五公斤重的背包，也要大到讓我不會跟別人有不小心的眼神接觸。

這只是很起碼的要求。但很諷刺地，在今天的台灣，至少在我居住的高雄市，即使把午餐預算從吃便當的五十至八十元拉高到一百至兩百元，仍然很難找到兩個條件都符合的用餐環境。我痛恨用餐環境的桌子黏黏的，讓我的雙手沒地方放，更痛恨沒有乾淨穩定的平面讓我放包包。我最痛恨的是吃飯時有別人盯著你看的感覺，或是抬起頭不小心就接觸到別桌客人的眼神。

這幾年，我深刻感受到，要在合理價位吃到「午休」等級（不只是充飢）的午餐，真的不容易。時間有限，如果要開車往返，還得把找停車位的時間算進去。而且即使搜尋半徑已達三公里，能夠達到要求的店家仍然不會太多。找得到是運氣好。如果沒有太多時間的話，摩斯漢堡就成了我最常去的地方。摩斯漢堡設於用餐區的洗手台是我的最愛，因為不用走進廁所就可以洗手。

起碼的衛生與舒適，有這麼難做到嗎？美國、日本做得到，台灣為什麼做不到？我不知道台灣為什麼變成這個樣子。或者，我應該說，為什麼還是這個樣子。因為在這方面，過去三十年來台灣並沒有進步。台灣的國民平均所得是三十年前的好幾倍，人民的生活品質卻沒有變得更精緻。

我不曉得「午餐=充飢」這個便當文化，所反映出的主流價值還會持續多久。我很希望有一天，人們只需付出吃便當的錢，就能夠在有起碼衛生與舒適水平的環境用餐。期待那一天早日到來。

從效率讀書開始

主動帶著問題閱讀並尋找答案，讓你理解得更好，不會像被動閱讀一樣經常一知半解卻不自知。

PQ4R是托馬斯（Thomas）與羅賓遜（Robinson）在一九七二年提出的閱讀方法，由六個步驟組成：略讀（Preview）、提問（Question）、閱讀（Read）、反思（Reflect）、複誦（Recite）、複習（Review）。適當使用，可以有效增進閱讀效能。在這篇文章中，我逐一說明各步驟的做法，並提供「為什麼要這樣做」的認知心理學解釋。

略讀

怎麼做：快速瀏覽一遍你要閱讀的內容。首先閱讀目次表以了解內容結構，然後略讀一遍內容。如果是教科書，主要就是讀主標題、副標題、重點標示的關鍵詞句以及各種圖表；其他內容不需要逐字逐句細讀，快速掃過即可。

為什麼：理解是用既有的知識與經驗解釋輸入的訊息，以建構整合表徵的過程。預覽式的略讀可以喚起記憶中的相關知識與經驗，這是理解的基礎。略讀也可以幫你了解章節的基本結構，讓你可以為即將建構的整合表徵先在心中搭好鷹架。

提問

怎麼做：當你略讀時，提出關於內容的問題。如果是教科書，一個非常簡單的策略是：把各主、副標題變成問句。例如，如果標題是「環境刺激產生的失誤」，你的問題就可以是：「什麼是環境刺激？」「什麼是失誤？」「為什麼環境刺激會產生失誤？」

為什麼：提問可以喚起你的閱讀動機，讓你由被動轉為主動。主動的閱讀態度可以讓訊息在比較深的層次處理（levels of processing），而認知心理學家早就發現，訊息在心中處理的層次愈深，記憶的表現也愈好。

閱讀

怎麼做：帶著你剛剛準備好的問題，從頭開始仔細閱讀。在讀每一段之前，先問自己問題。讀的時候，試著尋找問題的答案。這是一個主動的反覆問答過程，而不是被動的「看書」。

為什麼：主動帶著問題閱讀並尋找答案，讓你理解得更好，不會像被動閱讀一樣經常一知半解卻不自知。問與答的過程也能加深訊息的處理層次，讓你記得更好，不會像被動閱讀一樣經常讀過就忘。

反思

怎麼做：試著將剛剛理解的內容跟自己記憶中的其他訊息關聯起來。試著找出閱讀的內容和自己過去學到的其他知識的關聯、和自己生活經驗的關聯，以及章節內部各部分的關聯。如果有矛盾的地方導致無法與過去知識與經驗整合，就再讀一遍，試著找出矛盾的原因並促進整合。

為什麼：將讀到的內容精緻化（elaboration），可以讓理解更全面，並強化與記憶中其他訊息的連結。很多時候我們忘了某些訊息，不是因為訊息從記憶中消失了，而是我們失去了那個訊息的提取線索（retrieval cues）。反思的過程可以讓讀到的內容與原有的記憶整合得更好，未來就可以提供更多的提取線索，讓你更不容易忘記。

複誦

怎麼做：試著回憶剛剛讀過的內容。利用你之前準備好的問題，或是利用書上的各主、副標題，嘗試說出各段的內容。如果沒有辦法講出來或不太確定講得對不對，就再回去讀一次。

為什麼：記憶是理解的副產品，如果確實理解了，就能夠很容易回憶出來。如果回憶不出來或對自己的回憶沒有信心，你就知道自己並沒有充分理解，需要再讀一次。

複習

怎麼做：一段時間之後，主動複習內容。拿出你之前準備的問題，或是看著書上的標題，並嘗試回答。如果你不太確定，就再重讀一次那個部分。

為什麼：人的記憶非常容易受到干擾（interference）。後來的學習會在記憶中建立新的連結，而這些新連結有可能會影響你對先前學習內容的提取。例如，記憶中連到先前內容的線索因為之後的學習而與新的內容連結，就會導致你不易想起較早的學習內容。複習可以強化連結，讓你不易遺忘。

電影也是一種閱讀

成年人更應該認真檢視自己的學習態度，讓自己再度成為一位更包容的學習者。因為那就是我們小時候的樣子：對各種事物都充滿了好奇心，且願意主動學習。

閱讀是人類有史以來所發明的最複雜的認知技能。要將印刷的符號解碼還原為有意義的語言，涉及了包括知覺、記憶、語言和思考等不同階段的認知歷程及之間的交互作用。閱讀技能並非與生俱來，需要反覆的練習才能熟練，也不是每一個人最終都能熟練地閱讀。

閱讀，是一種適應性的技能。在現代生活中，許多溝通的方式是透過文字進行的。能夠熟練地閱讀，是適應現代社會的必要條件。藉由閱讀，我們探索世界。

不僅探索現實的世界，也探索想像的世界。

閱讀，是一種全腦的活動，能夠訓練我們的思考能力。閱讀是一種主動建構的歷程，讀者不僅要認字、認詞，還要能夠使用背景知識來理解語言，在心中建構一個抽象表徵。閱讀不只有助於語文學習，更有助於想像力與抽象思考能力的建立。

閱讀，也是科學家了解人類認知能力的主要管道之一。研究閱讀，讓我們有機會一窺認知歷程運作的本質。這些認知歷程包括知覺、注意力、記憶、概念與理解、推理、問題解決、判斷與決策等等。

電影與閱讀其實很相似。兩者的內容都是有結構的，都是以線性的方式呈現訊息，也都可以任意擴張或壓縮時空，並任意在寬廣的時空範圍內來回穿梭。而看電影和閱讀也是很相似的。兩者同樣是一種主動的認知歷程。看電影的觀眾不是被動地接收影像與聲音，而是主動加上自己的背景知識來理解電影，並在心中形成一個整合的抽象表徵。

電影的獨特之處，在於可以處理的主題範圍幾乎是無限的，而且能夠傳達高度的真實感。電影是所有藝術形式之中最通俗的，任何人都有能力欣賞任何形式的電影，只要願意接納與嘗試。電影也是一種健康的、暫時性的解脫，讓人們暫時離開現實，進入想像世界。

很可惜的是，這個社會上大部分的成年人，在離開學校後就把自己封閉起來了。人們不再願意接受與自己的偏見或信念不一致的觀點，也不再願意試著了解自己不熟悉的事物。這樣的態度是普遍性的，不只對電影如此，對生活中的其他向度也是如此。

多看電影是有益健康的，多看不同性質的電影更有助於讓自己視野更開闊，對不同的人事物更寬容。孩子應該從小就開始學習欣賞電影。如此，當他們長大以後，就懂得對不同的電影有不同的期待，而不會排斥特定類型的電影，也不會用單一標準來衡量所有電影。

成年人更應該認真檢視自己的學習態度，讓自己再度成為一位更包容的學習者。我之所以說「再度」，是因為那就是我們小時候的樣子：對各種事物都充滿了好奇心，且願意主動學習。每一位成年人其實都還保有這樣的潛力，只是在成長過程因為愈來愈沒有機會發揮而遺忘了。

PART 4

生活重於日子，經歷很多，發現卻太少

解除心中的髮禁

——從心理學觀點看髮禁的解除

每次孩子剪髮前，親子都可以齊心協力，共同克服阻礙來達成目標。

從二〇〇五年開始，中學髮禁已徹底解除。公立學校不得再將髮禁納入校規，學校也不得藉故檢查及懲處。然而，許多家長、老師擔心學生作怪或花太多時間打理頭髮，也還是有許多學校堅持不染不燙等原則，認為「不能不管」。

在傳統的中學校園裡，不論是髮型、制服，或是其他行為層面的約束，都是以限制自由的方式來管理學生；傳統的台灣家庭，也是用這種做法管教孩子。這種傳統的邏輯是：學生要專心於課業，不應為其他事情分心。髮禁不只是校規的一部分，也存在於每一位師長的心中，在這樣的文化脈絡下，教育部此次以人權為由解除髮禁，引起許多老師與家長恐慌，也就不令人意外了。

我想從幾個心理學的觀點，來談髮禁的解除對孩子可能產生的影響，以及師長可以扮演的角色。我相信，如果把眼光放遠，師長們會發現髮禁的解除其實是件好事。

問題解決

對中學生來說，整理自己的髮型，是一種訓練問題解決能力很好的作業。孩子需要決定目標（哪一種髮型比較適合自己），也需要認清達成目標可能遇到的阻礙（家中經濟狀況不允許自己經常花很多錢剪髮、每天早上出門前沒有太多時間整理頭髮等）。選好目標、認清可能遇到的阻礙後，還要動腦筋尋找最適合解決問題的方法。例如：如果經濟能力不允許頻繁地剪髮，那就必須選擇一個能隔比較長的時間才修剪的髮型；若沒有太多時間整理頭髮，就必須選擇自己容易整理的髮型。

在這個過程中，父母親可以、也應該全程參與。不僅要和孩子討論哪一種髮型比較適合，更要幫孩子辨識諸如剪髮成本、家中經濟狀況、每天整理頭髮所需的時間等，影響問題解決方法的因素；每次孩子剪髮前，親子都可以齊心協力，共同克服阻礙來達成目標。如此，不僅可以促進親子關係，更重要的是磨練了孩子的問題解決能力。孩子在練習解決頭髮問題獲得的能力，日後可以很容易運用於其他生活中的情境；長遠來看，父母獲得了解子女的機會，孩子獲得解決問題的能力，其價值遠超過學校考試的分數。

創造力

一般人很容易把創造力和搞怪畫上等號，但其實兩者根本完全不一樣。創造力指的是產生有價值且具原創性想法的過程，和問題解決能力有很大的關係，單純的搞怪並不是創造力的展現。此外，一般人以為創造力是不需練習的，那也是錯誤的認知；展現出高度創造力的人，往往具備某個領域的豐富知識，也經歷過非常多次的練習。孩子不可能只是躺在家裡就想出好看的髮型，他們總要看看別人的髮型，了解不同髮型好看的因素在哪裡，而且，孩子在週期性地選擇與整理自己的髮型時，也可逐漸清楚創造力與搞怪的不同。這其實是一個非常有教育價值的歷程，父母親應該放下身段進入孩子的世界，透過孩子的眼睛明瞭他們所看到的世界。如此，不僅可以懂得孩子，更能適時引導、培養孩子的創造力。

在傳統的台灣，即使一個人有創造的動機，願意冒險，也願意充實自己的知識，還不見得有機會發揮創造力，因為我們的教育環境，向來不支持創造力的發展。學生在學校裡頂著一樣的髮型，穿一樣的制服，背一樣的書包，念一樣的書，解一樣的問題，背一樣的答案，考一樣的試。這樣的環境，不僅讓有創造力的孩子無法發展，還讓更多的孩子失去培養創造力的機會。在這種脈絡下，解除髮禁還有一個重要的象徵意義，就是創造力在我們的教育環境裡開始有一些生存的空間。我們當然知道，只是解除髮禁並無法解決所有傳統教育環境中的問題，但總是一個好的起點。

自我探索

中學生正處於青少年的階段，這個階段最重要的發展任務就是自我認同，他們要能夠完成自我認同，才能順利進入成年的階段。自我認同，用白話來說，就是能夠回答兩個問題：我是誰？我要往哪裡去？一方面，他們要往自己的內在探索，了解各種可能的自己；另一方面，他們要探索外在的環境，了解各種可能的世界。對內外兩個世界都有足夠的理解，他們才能認同自己，並為自己的人生找出一條最適合的路徑。

髮型和自我認同有什麼關係？關心孩子的你或許會問。每個人都有獨特的性格，對於人生中的大小事總有一些偏好；不同的偏好適合不同的世界，一個人愈了解自己，就愈能做出適合自己的選擇，也更能肯定自己。讓孩子有機會在自己的頭上變出各種花樣，正是一種促進孩子自我認同的機會。一方面，藉由嘗試不同的髮型，孩子可以有不同的體會，進而發現自己喜歡的髮型是哪一種；另一方面，藉由讓自己以不同的髮型出現在別人面前，孩子可以觀察師長同學的反應，這正是一種促進自我探索的絕佳實驗。父母與老師不僅不需要用自己的或傳統的價值觀，去限制或批評學生的髮型，反而應該讓自己及學生對於不同髮型的反應成為討論的主題，藉以磨練孩子的人際敏感度與內省能力，幫助孩子了解自己。

第一印象

我們對一個人第一印象的形成，往往是基於一些細微的外觀特徵，如：外貌、身高、體重、髮型、刺青、眼鏡、服裝等。舉例來說，衣服的顏色會影響我們對一個人的判斷。有心理學家做過研究，發現和穿淺色衣服的嫌犯相比，人們會覺得穿黑色衣服的嫌犯攻擊性較強。我們對一個人的印象，甚至也會受到名字的影響。心理學家發現，假定有兩個虛構的人物，一個人的名字像是「老一輩」的，如「玉珠」，另一個人的名字像是「年輕一輩」的，如「靜芳」，如果只憑名字來判斷，大部分的人會覺得「靜芳」比「玉珠」更聰明也更受歡迎。

人們在形成第一印象時，極容易受到表面因素的影響，大部分的讀者都已投入職場多年，不需學過心理學也知道這點。但我必須強調，這並不是否定一個人內涵的重要性，因為內涵永遠比外在重要。很會表現自己，很懂得給人好印象的人，如果沒有內涵，還是很快就會被識破；一個有內涵但不會經營自己形象的人，總有一天還是會被別人注意到。但我也想提醒，重視內涵與重視外在形象並非互斥，而是相輔相成。如果能夠內外兼修，豐富的內涵可讓自己更容易掌握呈現自己的方式，而良好的第一印象也有助於讓別人注意到自己的內涵。

身高、體重、外貌皆為天生，固然無法改變，但髮型是可以改變的。如果父母及老師能夠藉由髮禁的解除，和孩子討論該如何適當地呈現自己，才能讓別人對自己形成良好的第一印象，相信對孩子往後的發展一定會有很大的幫助。

不要讓孩子輸在起跑點上

我相信，一定有師長會這樣反駁：「你說的不無道理，磨練解決問題的能力、培養創造力、探索自我、營造良好的自我形象，都很重要。但是中學階段的孩子，唯一的任務就是好好讀書考上大學。你說的這些可以等到孩子上大學再做。」

但我要說的是，大學是一個比中學還要自由的環境，更需要主動表現與學習。上大學不再是競爭的結束，而是競爭的起點。尤其現在大學考試分發入學的錄取率接近百分之九十，能上大學已沒什麼了不起了，重要的是上大學後的表現。學生的問題解決能力、創造力、自我概念，以及自己的公眾形象，都會影響他們的課業表現與人際關係，如果一個孩子在中學階段只有念書，上了大學之後，是不會有足夠的競爭力的。而且，孩子上了大學就成年了，有自己的世界，父母即使有心，也更難像中學時期一樣介入孩子的生活。

所以，如果不希望自己的孩子輸在起跑點上，聰明的師長就應該跟著孩子一齊變髮圖強。髮禁的解除，不應該只是孩子們獲得改變髮型的自由度，師長們也應該趁此機會解除自己內心的髮禁，調整自己對中學生諸多限制的心態，從「管教孩子」轉換為「陪著孩子一齊成長」。這樣不僅能讓孩子或對他們往後的人生有幫助的能力，更能讓這段時期的親子互動，成為父母一生中最值得珍惜的回憶。

髮事

踏進這家新開的美髮店，找設計師幫我修剪那讓我看來頗像流浪漢的長髮。剪短了一些，吹了個後來到學校註冊時，被很多老師讚美為「看來很像李四端」的髮型。不過，後來發現，像李四端沒有用，要像教官才可以註冊。

「我幫你先全部染這個顏色，然後再用比較淺的顏色挑染。這樣黑頭髮長出來不會變成很明顯的兩截，白頭髮長出來也比較看不出來。」

「喔，好啊！」

聽著設計師解說她要怎麼幫我染髮，再看著鏡中的自己，突然有種不知道那是誰的感覺，像是Leonard在一九九〇年的電影《睡人》（*Awakenings*）中沉睡三十年醒來的時候，看到自己住在一個大人的身體裡，嚇得死去活來一樣。

高中二年級下學期開學前的寒假，十七歲那年，第一次在這裡剪髮。

那是一九八七年。髮禁解除，台灣的中學男生終於不用再留平頭了。上學期就聽到風聲，所以雖然導師與教官不斷勸誡，還是東躲西藏，提早開始把頭髮留長了。而且，在教室布告欄張貼相關新聞的剪報，煽動同學開始把頭髮留長。不過，好像沒幾個同學有膽子這麼做。到了寒假，頂著一頭一整個學期沒修剪的雜亂長髮參加救國團的自強活動，還頗有成就感。

寒假結束，返校註冊前，摸著自己那頭寶貝頭髮，不想再去那家過去幫我剃平頭的家庭理髮店。像是要好好對待流落街頭、失散多年後終於回到溫暖家庭的親兄弟般，踏進這家新開的美髮店，找設計師幫我修剪那讓我看來頗像流浪漢的長髮。剪短了一些，吹了個後來到學校註冊時，被很多老師讚美為「看來很像李四端」的髮型。

不過，後來發現，像李四端沒有用，要像教官才可以註冊。

「你這樣我不能讓你註冊。後面的頭髮要推上去，像我的軍官髮型一樣。」很顯然地，教官並不欣賞。註冊時，檢查頭髮的教官指指我的頭，然後指指他的頭，這麼告訴我。

「你說，我這樣有比你不整齊、不清爽嗎？今天踏進校門以後，每個人都說很好呀！」我指指我的頭，又指指他的頭。

跟他辯了半天，他就是不幫我蓋合格章。於是，我搬了張椅子坐在他的對面，靜坐抗議。從早上到中午，一位接著一位的同學在我和教官面前註冊完畢。接近中午時，教官終於開口了：

「同學，你坐在那裡幹嘛？不註冊嗎？」

「你早上說我頭髮不合格，不讓我註冊啊！」

「哪有？來來來，我幫你蓋章，註冊完趕快回家。」看來教官也想找個台階下，就把我打發走了。

十二歲那年進國中時，被規定剃三分頭時開始失去的自由，就這樣，在十七歲那年又找了回來。就跟當時解嚴後台灣社會的種種亂象一樣，自由當然是有代價的：梳子、吹風機、髮膠、定型液、順髮水、慕斯、護髮液⋯⋯，幾乎忘了，現在做起來像洗臉刷牙一樣容易的事情，當年還確實讓自己手忙腳亂了好一陣子。例如，剛開始時要控制鏡子中握梳子的手和握吹風機的手非常不容易，要花半個鐘頭才能吹好頭髮；或是曾經因為不小心塗多了髮膠，又得再洗一次頭。

那一年，李宗盛寫了一首歌，叫〈十七歲女生的溫柔〉，其中有這麼一段：

「也許你快要十七，每天等待著畢業典禮；也許你正是十七，懂的都是別人的道理；也許你過了十七，往前看往後看，都有點吃力。」

離高中畢業還有一年多，我還沒有開始等待畢業典禮，當然更沒有想到高三那年會因為太多科不及格而無法畢業。那一年，正是十七，老師在講台上講的大道理，我都不懂，只知道上課睡覺，下課尿尿，睡到後來連老師都懶得過來搖醒這看來已經沒救的學生。那一年，想都沒想過，再過十七年，自己會變成什麼樣子。那時，連一年以後的初戀都無法預期，更不可能預期到後來因為學業不佳造成的情緒壓力，而選擇突然結束一段單純的感情。結果，傷了人，也傷了自己。

「我不是女生，早已過了十七。」

睡人Leonard在接受大劑量的L-DOPA後，短暫清醒，然後又繼續沉睡。鏡中，設計師的助手正忙著上染髮劑。看著愈來愈少的黑髮及愈來愈多的白髮逐漸消失在染髮劑中，意識卻像是從多年沉睡中逐漸清醒。已經不知道自己的設計師是二十六年來的第幾代了，從當年的大姊姊，到現在的小女生。從與設計師的年齡差距，察覺到時光的流逝。看著鏡中的自己，愈來愈清楚地知道，這一年，不再是十七歲，而是四十三歲了。鏡中的自己有著中年男子的外觀，而且頭髮逐漸變少、變白。多麼不願接受眼前的這一切，但也知道這一切都是不可逆轉的。任何人都可以繼續更新自己的軟體以追尋心靈的成長與成熟，卻無法更新這必然會逐漸老化的硬體。

十七歲的記憶，已經有些模糊。沒有好成績，沒有好老師，沒有好朋友。成績單上紅字比藍字多，在教室裡睡著的時間比醒著的時間多，買錄音帶時跟唱片行店員的短暫交談也比跟班上同學講的話多。只記得有太多不快樂的事，但快樂的事卻好少。第一次自己的頭上能長出比指甲還長的頭髮，大概是少數印象深刻的快樂的事。真的沒想到，二十六年之後，每個月剪一次頭髮，或是每半年染一次頭髮，竟然還是生活之中少數能讓我覺得快樂的事情之一。

換個角度想，或許這也不是太糟糕的事。偶爾躲進咖啡館裡喝杯黑咖啡，蹲下來跟路上的小貓講話，買一支麥當勞的蛋捲冰淇淋，或是找一個下午請設計師整理一下頭髮……，如果，四十三歲了，這些生活中的小事仍然能夠讓自己快樂，或許，還沒有完全失去對生活的敏感度；或許，還保有一些十七歲的自己。

身體與外貌會隨著老化而改變，這是自己無法控制的。能夠做的，就是努力成長，同時也努力不要長大。成長，很容易理解，就是為了更能適應愈來愈複雜的現實世界。抗拒長大呢？那是為了在愈來愈複雜的世界中，仍能像孩子一樣，簡單而沒有心機。就像三毛曾經說的：「我最喜歡別人把我當成傻瓜，這樣，跟人相處就方便了。」「完全不刻意的防守自己，別人就不知道如何來攻打。」

吹風機的聲音停了下來。設計師彎下身，拿起一面小鏡子和一盞燈。透過鏡中的設計師手中的小鏡子和那盞燈，前前後後看了一下自己的新髮型和新髮色。

「你覺得怎麼樣？還不錯吧？」設計師問。

「很好呀！」即使盯著鏡中的自己看了幾個鐘頭，即使頭髮換了個樣子，還是有「不知那是誰」的感覺。

不可避免地，有時還是會想，如果再過個幾年，沒有頭髮了，怎麼辦？實際的樣貌或許不易想像，但有一點是可以確定的：我會希望到時候，看著鏡中的自己時，仍然會像Leonard那樣嚇一跳，仍然會去想：「那是誰，我為什麼住在他的身體裡？」因為那代表自己沒有失去從十七歲以來一直想要保有的簡單特質，代表自己一直保有一顆年輕的心，也代表自己能繼續有機會從生活中的小事得到快樂。

是非審之於己，毀譽聽之於人，得失安之於數

別忘了，這世界上有這麼多人，每個人都是有獨特生命經驗的獨立個體，不可能每一個人都認同你。

「是非審之於己，毀譽聽之於人，得失安之於數。」這是湖南長沙嶽麓書院其中一幅楹聯上聯的前半。記得是在一九八〇到一九八一年間，我第一次在黎明文化出版的《經國先生知勉錄》上讀到這句話。在那個年代，台灣每年都會在各地舉辦全國性的書展，這本書就是在高雄市立中正文化中心的書展上買的。

「是非審之於己，毀譽聽之於人，得失安之於數。」這句話讓我印象深刻，從此牢記在心，並時時提醒自己。小時候，其實並不完全理解意義，只覺得有點道

理。隨著自己成為心理學家，隨著年歲漸增，益發覺得這句話真是充滿了智慧。

一、是非審之於己

是非、毀譽、得失，三者之中，只有是非是由自己決定的。在任何時候，你都必須根據蒐集到的訊息謹慎判斷，並做出適當的決定。或許你蒐集的訊息包括了別人的意見，但最終的判斷還是在你自己的心中獨立完成，你也必須為自己的決定負責。

如果你希望別人幫你做判斷與決定，是很不負責任的。你應該訓練自己獨立思考的能力，並培養足夠的自信。同時你也要體認，人不是全能全知的。你不可能做出完美的判斷與決定，因此培養自信之餘，也要避免過度自信。

二、毀譽聽之於人

批評或讚美來自他人，而他人豈是你能控制的？既然不能，就應該以開放與接納的胸襟面對批評，並以感謝與珍惜的態度面對讚美。別忘了，這世界上有這麼多人，每個人都是有獨特生命經驗的獨立個體，不可能每一個人都認同你。

如果你希望自己可以說服或影響每一個人，是很不切實際的。你應該做的是同理並尊重他人，盡量用不冒犯別人與容易理解的方式，讓別人理解你的想法與做法。如果你盡力這麼做，得到的讚美應該會多於批評。讚美多於批評就夠好了，別再多花時間在那些還批評你的人身上。

三、得失安之於數

世界如此之大，任何人所能理解的世界，都只是極小的一部分。而你所能影響的世界，又只是你能夠理解的世界中極小的一部分。任何事都有不確定性，任何決定也都伴隨著風險。你能夠做的，是在有限的能力與資源下盡力而為，並學習面對不確定性。

如果你希望所有的事情都按照自己的預期進行，是很沒有現實感的。你應該做的是，不斷地學習，讓自己永遠都跟得上不斷變遷的世界。你更應該磨練自己的創造力與解決問題的能力，讓自己做好準備，隨時可以面對各種意料之外的狀況。

是非審之於己，
毀譽聽之於人，
得失安之於數。

快樂可以很簡單

在工作與生活中面臨的問題，只會愈來愈複雜，永遠不可能再像年少時一樣單純。你不能讓問題消失，也不能阻止它們不斷地往自己身上纏繞。

我愛紙飛機，從小到大都沒有改變。念幼稚園的時候沒有什麼朋友，我常常一個人摺了三、四架紙飛機往高高的地方爬——通常是溜滑梯上面的平台。然後把紙飛機一架架的擲出去，看著它們飛翔、滑行、落地。那種感覺就像那些紙飛機載著我的心翱翔鳥瞰大地一樣；一個屬於我自己的想像空間。

念國中時，每天上學都要挨打，對學校充滿了恐懼。孤單無助時，在課間的休息時間，我總會潛意識地抓起手邊的紙，摺成一架紙飛機。擲出去，看著它飛，撿回來，擲出去……。我苦悶的國中生活，有好長一段時間是紙飛機陪我度過的。

高中三年級最後一個月準備聯考，念書念到煩得受不了時，我也會摺紙飛機。有好幾次我房間裡有幾十架的紙飛機。我會停止念書，盡情地玩。然後再把它們收好，放進櫃子裡，再回來念書。我以為我長大了就可以跟紙飛機說再見了。原來它們還一直陪在我身邊，原來我還是需要它們。

如果你還是不能理解紙飛機有什麼好玩的，那也沒關係，因為每個人的快樂來源原本就不可能完全一樣。然而，我的經驗中，有一點對每個人來說都是一樣的。那就是：快樂可以很簡單。只要你還保有一顆單純的心，你就永遠都會有感受快樂的能力。

包括你我在內，很多人的內心世界都已經被工作與生活環境中的人事物弄得愈來愈複雜了。就像是毛線一圈圈無規則地纏繞，繞成一大團。你覺得再也解不開，你也覺得再也想不起一開始的時候是什麼樣子了。於是，你只有無助地、眼睜睜地看著那團毛線球愈來愈大，愈來愈亂。

你永遠不可能扔掉那團毛線球，它會跟著你一輩子。在工作與生活中面臨的問題，只會愈來愈複雜，永遠不可能再像年少時一樣單純。你不能讓問題消失，也不能阻止它們不斷地往自己身上纏繞。

別難過，即使如此，你還是能夠找到快樂。你應該做的是時時審視自己，注意是否還看得到那顆從來沒改變過的單純的心。如果視線變得模糊了，就要更努力地想辦法看清楚，並且牢牢地記住找尋那顆心的路徑，以及沿途所看到的一切。因為，真正能夠感受快樂的，是真正的你，是那顆單純的心，而不是那亂成一團的毛線球。

你也應該時時提醒自己，能夠讓我們快樂的事，永遠都在我們身邊。

例如，清晨的陽光與氣味，一部新奇的電影，繁忙工作中的片刻寧靜，路上遇見的想跟你說話的貓，在書店意外發現懷念的小玩具，偶然間讀到的有趣繪本，學會使用一套新軟體，開車走錯路不小心來到的陌生城鎮，不認識的網友因為你在網路的分享而獲益，將洗淨晾乾的衣服摺得整整齊齊，獨自走在鄉間小路時開車經過停下來問你要不要搭便車的本地人，逛街時看到值得多看幾眼的俊男美女……或是，隨手用筆記紙摺的紙飛機。

只要你還保有一顆單純的心，你就永遠能夠欣賞簡單的事物。只要你還能夠欣賞簡單的事物，你就永遠能夠在欣賞的過程中感受快樂。快樂，真的可以很簡單。

那些松鼠與壁虎教我的事

目睹生命的結束，雖然難受，但壁虎幼兒在臨終前出現在我面前，也再次幫我上了一堂生命教育課。

這是很多年前的事了，但我一直沒有忘記。有一天，我在家中發現一隻身長只有三釐米的壁虎幼兒。我從來沒看過這麼小隻的壁虎，於是拍了幾張照片。拍完照後沒多久，再回到牠的活動區域探視，發現牠已經死了。目睹生命的結束，雖然難受，但壁虎幼兒在臨終前出現在我面前，也再次幫我上了一堂生命教育課。

我說「再次」，是因為先前曾有一隻松鼠幼兒幫我上過課。那是十多年前，我還在美國的時候。下午出門，看到一隻烏鴉在啄一隻松鼠幼兒。烏鴉大得跟雞一樣，不停地啄松鼠。松鼠幼兒已無力反擊，痛苦得吱吱叫。我明白這是自然的循環，我不能做什麼，就離開了。

在美國的那個下午，我一直在想著那隻松鼠，想著生命的脆弱。然後，我想到每天吃的食物。人的一生之中吃了這麼多葷食，背後代表多少消失的生命？我跟那隻烏鴉不一樣的地方，只在於我沒有親自動手而已。

那天過後，我吃了好多年的素。我沒有任何宗教信仰，所以和別人同桌用餐時，總是不斷被問到為什麼吃素，而我經常要重複述說那天下午的事。每一次的述說，就是一次提醒，提醒我繼續問自己，「生命」在我心中的意義是什麼。

很多年以後，我覺得找到滿意的答案了，才恢復吃葷食。答案是什麼並不重要，因為沒有兩個人有完全相同的價值觀。重要的是找尋答案的過程；那樣的過程讓人對自己和環境都變得更敏感，對人和其他生命形式也都變得更尊重。

這次壁虎幼兒幫我上課，我才發現當年的松鼠幼兒把我教得很好。因為我看到牠的第一個反應，不是把牠弄走，而是問：「你有東西吃嗎？」「你媽媽在哪裡？」我家晚上開捕蚊燈，白天有掃地機器人定時出來掃全家的地板。沒有食物來源，而且每天下午還有大怪獸追著跑，我想不出壁虎在這樣的環境怎麼存活。

在我還在想這些問題的時候，在我還在想著該弄什麼給牠吃的時候，這隻壁虎就死了，而且死在我看得到的地方。壁虎幼兒被發現時不在牆壁上，而是躲在廚房櫃子底下不太可能有食物的牆角，而且反應不甚靈敏，牠被發現時身體狀況應該已經很不好了。我很感激牠在這樣的狀況下跟我見了一面，幫我上了一課。

回國十多年，我注意到「生命教育」成了顯學，融入了各級學校的課程中。但這樣的課程能有多大作用，我總不免有些懷疑。對生命的敏感與尊重，只能透過長期親身的體驗得來。對孩子來說，最適合培養他們感受自己與環境的敏感度，與教導他們尊重各種生命形式的人，是他們的父母。

可惜的是，下課後原本應該作為親子互動的時間，台灣的父母親都讓孩子補習去了。

然而，只有父母親才能長時間近距離觀察自己的孩子，只有父母親才有機會經常和孩子分享自己對生活經驗的詮釋，只有父母親才最有可能經常詢問與傾聽孩子對生活經驗的體悟。也只有父母才能即時擔任松鼠老師和壁虎老師的助教，幫孩子了解老師教了些什麼。

父母親真的應該要覺醒了，要認真為下一代以身作則。

不是反婚禮，是反愚蠢

你高高興興去參加婚禮，結果不僅得繳一筆為數不小的費用，還只能嘴油油、頭歪歪、坐得遠遠地看著新人？

想跟新郎新娘說幾句祝福的話？沒問題，你有十五秒鐘的時間。

《CSI犯罪現場》是一部我非常喜愛的電視影集。有一集讓我想到很多事。那是第六季第二十一集〈婚禮羅生門〉（*Rashomama*），故事關於一場婚禮中發生的命案。因為從現場採集的證物遭竊，組員必須回憶並記錄蒐證的每一個細節，以提供政風室調查之用。每個人回憶的觀點都不一樣，反映了不同的婚姻哲學觀，非常有趣。

有一幕，Sara跟Nick解說伴娘的由來。她說：「因為要防止新娘在大喜之日被惡靈奪走，才由打扮得很像新娘的女子來混淆惡靈。」Nick有點諷刺地驚嘆：「一個反婚禮的人竟然這麼了解婚禮。」Sara的回應非常經典：「我不是反婚禮，是反愚蠢。你知道，那些為了傳統而做某些事、卻不知道為什麼的人……」

台灣的婚禮何嘗不是如此？太多人重複做著一些不知為何而做的事。想一下你對婚禮的印象。有多少次，你高高興興去參加婚禮，結果不僅得繳一筆為數不小的費用，還只能嘴油油、頭歪歪、坐得遠遠地看著新人？想跟新郎新娘說幾句祝福的話？沒問題，你有十五秒鐘的時間。是的，那正是他們來你這桌敬酒的時間，比你用提款機快速提領現金所需的時間還短。

這算什麼婚禮？邀請別人來分享你結婚的喜悅，還要人家繳費？說得好聽點是送禮金，但有多少人送禮金送得心甘情願？若為了表示祝福，一定得透過送禮金這麼俗不可耐的方式嗎？再換個方式說，花兩百五十塊買電影票，你至少有個好位子可以舒舒服服看兩個小時的電影。送了數千元的禮金，你可能只能隔著電影院最後一排到銀幕的距離，遠遠看著你想祝福的那對新人。更慘的是，可能不只距離遠，位子還背對著他們，你還得扭脖子歪著頭才看得到。然後，回過頭來發現同桌的人手髒髒、嘴油油地在分享喜悅；不是婚禮的喜悅，而是吃大餐的喜悅。這樣的婚禮，還有任何意義嗎？

Sara說得好，不是反婚禮，是反愚蠢。用高成本但無效能的方式邀請親友分享喜悅，還要讓遠道來祝福的親友付費，這不是愚蠢是什麼？大家都認為只有一種分享喜悅的方式與一種祝福的方式。即使明知那樣的方式並不適當，還是不斷重複同樣的行為模式，也不想去探索與嘗試其他的可能性。台灣人的從眾與缺乏想像力的程度，有時實在令人難以想像。

稍早（證物遭竊之前），Sara和Nick還有一段有趣的對話。Sara說：「啊，傳統，像是自己變成從父親手中交易到丈夫手中的財產。」Nick說：「不，婚禮的意義不是那樣的。婚禮是對愛的宣言。」之後，Sara回憶蒐證過程中注意到拱門上的花是塑膠的，又感嘆地說道，「如果花都不是真的了，愛有可能是真的嗎？」

父親挽著女兒的手走過紅毯，把女兒交給新郎，這真的比較像財產交易的儀式，不像是愛的宣言。華人傳統對女性「嫁出去，娶進門」的想法，何嘗不是將女兒當作財產來交易？我們台灣的婚禮就更慘了，新人只是各種奇異禮俗中的道具，或是婚宴上作為娛樂用途的電動花燈，連財產都算不上。至於塑膠花，那實在不算什麼。我們的新郎新娘連喝的酒都是假的了，敬酒時的敬意有可能是真的嗎？

婚禮，最重要的目的，應該是新人公開宣告並承諾彼此對對方的愛，並與親友分享喜悅。或許，很久以前，各種儀式確實曾是實踐這些目的的有效方式。但是，今天看來，許多儀式都流於形式了。我希望台灣的年輕人能夠擺脫傳統束縛，設計出低成本但有效實踐婚禮目的的方式。更希望年輕人的長輩們也能不要太拘泥於傳統的形式，並學會享受改變的樂趣。當人們變得不愚蠢，婚禮，才會變得有意義。

PART 5

寫作優於隨寫，如果社群網站是一座太空站

作文、補習與詐欺

作文能力的背後，是思考能力。思考不清楚，文章就不可能清楚。思考沒有組織，文章就不可能有組織。這些能力，都是補習補不出來的。

台灣一直是個考試領導教學的社會。幾年前國中學生基本學力測驗開始考作文以後，家長憂心，孩子擔心。補教業者則是心情大好，趕著舉辦各種基測作文模擬測驗，用各種誇張的例子試圖傳遞「現在的國中生作文程度普遍很差」的訊息，說服家長掏錢送孩子去補作文。我必須說，「作文能力可以藉由補習提升」的說法，根本就是詐欺。

人的思考單位是非語言、非序列的概念與命題，而語言的單位是階層的、序列的詞、詞組、句子與段落。表達，不論是口語或寫作，都必須將思考單位編譯為語言單位，再依序產生出來。這個過程並不容易：如何尋找適當詞彙以精準表達心中的某個概念？如何結合詞彙成為詞組或句子，以精準表達心中的某個命題？如何組織句子與段落，使其能夠有效傳達心中的想法？

作文能力的背後，是思考能力。思考不清楚，文章就不可能清楚。思考沒有組織，文章就不可能有組織。此處我所說的思考能力，還包括觀察力與創造力。有觀察力與創造力，才能和別人有不一樣的觀點與說法。這些能力，都是補習補不出來的。

其實，當老師、家長、補教業者甚至教育部使用「作文」一詞時，就已經跨出了錯誤的第一步。使用「作文」一詞，就是把寫作視為一種無意義的、無目標的、機械性的文字遊戲，忽略了思考與表達的關係。「考作文」、「教作文」、「學作文」、「補作文」的心態，就像是一個新社區想要使用自來水，花了大錢安裝水龍頭，卻不接通管線一樣。

使用「作文」一詞，也過於強調表達的形式，忽略了表達的動機。人是社會的生物，有語言的本能，本來就會藉由語言和其他人溝通。**溝通才是表達的目的，無目的的表達是沒有意義的**。如果我們只把「作文」看成一種孩子寫文章給老師評分的活動，孩子怎麼寫得出來？

高行健在二〇〇〇年諾貝爾文學獎頒獎典禮的演說〈文學的理由〉中曾說：「如同咒語與祝福，語言擁有令人身心震盪的力量，語言的藝術便在於陳述者能把自己的感受傳達給他人，而不僅僅是一種符號系統、一種語義建構，僅僅以語法結構而自行滿足……」

試想，一個國中生，對於某個題目，可能確實有許多感觸，也有許多話想說。但是，他會想透過寫作把心中的感受傳給台上的老師嗎？我們的作文訓練徹底忽略了表達的目的與語言的力量，只把寫作當成一種文字遊戲。這樣的教學與學習是極沒有效率的，就像強逼一個很討厭你的人跟你說「我愛你」一樣，講一萬次都不可能講得好。

詐欺集團橫行，但是只要你能想清楚，就可以不被騙。尤其是家長，千萬不能置身事外，不能把訓練孩子表達能力的責任都推到老師身上。如果你能陪著孩子藉由廣泛閱讀磨練思考能力，並和孩子一齊找回寫作的意義與樂趣，那麼，你的孩子不需要補習也能輕鬆拿到作文六級分。更棒的是，在這樣的過程中，你們還能建立更親密的親子關係呢！

在轉寄之前……

當你可以毫不費力地藉著轉寄文章，來和別人分享想法或感動時，你又怎麼會有動機去嘗試用自己的文字，來表達自己的想法與感動？

台灣人非常喜歡到處轉載網路上讀到的文章，而且通常沒有經過原作者授權。熱衷轉載的程度，大概是世界第一。我當然明白，人們往往是讀了網路上某篇文章以後深受感動，想要和朋友分享，才轉載的。我也不是要批評轉載的動機，而是想談談轉載別人著作的習慣和表達能力的關係。

我還記得那個漢賊不兩立的年代，台灣的高識字率往往被政府拿來與使用簡化字的萬惡的共匪統治的大陸相比較。在我還是小朋友時候的台灣，好像很少人憂慮學生的語文能力。四十年前的物質環境當然沒有現在好，科技也沒有現在發達。

但我還記得，小時候很喜歡從國語日報出版的作文，集中閱讀別的學校的小朋友寫的得獎作文。那些文字真情流露，不八股，也不輕浮。

四十年後的台灣，我們有了更普及的教育，還有上百個有線電視頻道和開放的文字媒體。更不得了的是，到處都有電腦和網際網路。這一切都是我們小時候作夢都夢不到的。然而，現在我們竟然開始憂慮在這樣充滿豐富資源的環境中受教育的學生的語文程度。這是多大的諷刺呀！

那麼，這和轉載文章又有什麼關係？

在網路上，很容易可以讀到各種文章。當你讀到一篇文章很有道理或很感人，想和朋友分享時，怎麼辦？在向來不重視智慧財產權的台灣，做法很簡單，就是把別人的著作當成自己的財產，重製以後轉寄給別人。

當你可以毫不費力地藉著轉寄文章，來和別人分享想法或感動時，你又怎麼會有動機去嘗試用自己的文字，來表達自己的想法與感動？轉寄一篇一千字的文章只要幾秒鐘，但自己寫一篇一千字的文章要多久？誰還會去認真寫些什麼？寫作的機會愈來愈少，又如何能培養出良好的表達能力？

不要誤會了，我並沒有任何咎責於網路的意思。網路其實也是一個磨練表達的好地方，未必就一定會讓現在的學生語文程度變差。我自己表達能力不好，小時候最怕上台說話和寫作文。二十年前接觸網路，就覺得很高興，因為我找到了磨練表達能力的機會。在網路上的討論區跟別人討論時，我每次都不會只講個一兩句，而是試著用一整段話陳述自己的論點。很多時候，只有在嘗試表達的時候，才會更清楚知道自己的想法。試著去表達，其實是很有幫助的。

台灣這種未經授權就任意轉載他人文章的文化，不是只涉及了抄襲和侵權的問題。更嚴重的是，這個文化正在侵蝕台灣人的表達能力。我真的很希望年輕一輩的台灣人，可以少轉一點別人的文章，自己多寫一點，多利用網路、多找機會磨練自己的表達能力。

認真寫作的孩子不會變壞

書寫的媒介也沒有限制，不見得一定要寫在紙張上。在網路上的寫作，從討論區、部落格、微網誌到Facebook上的分享，也都是寫作。

此處所謂「寫作」，指的不只是狹義的「作文」。只要是為了表達自己、為了分享而寫，都是寫作。書寫的媒介也沒有限制，不見得一定要寫在紙張上。在網路上的寫作，從討論區、部落格、微網誌到Facebook上的分享，也都是寫作。認真寫作的小孩是不會變壞的。因為他們可以透過部落格來建構自己、發展自己，並進而審視自己。

我總覺得人們對「寫作」的定義過於狹窄了，只看到「產品」，而沒有看到

「理由」。當你只看到產品，你或許會覺得大多數網路上的文章和你所熟悉的文學作品是不一樣的。當你看到寫作的理由，你就會發現兩者其實是十分相似的。

台灣的語文教育也有同樣的問題。或許有不少中小學課程都要求學生寫作，但學生寫的是一樣的題目，而且是寫給同一個人看，再用同一套標準評分。當寫作的自由度被剝奪，當寫作的目的是為了達到要求以獲得分數，寫作就失去了樂趣。沒了樂趣，孩子們就會抗拒寫作。當孩子們開始抗拒，誰又會想要主動去尋找「為自己寫」的理由呢？

台灣語文教育的另一個問題是忽略了一個事實：人是社會的生物。人類的語言固然是由符號和規則組成的系統，但語言的功能是溝通，而非操弄這些符號和規則。當我們有強烈的動機想要將想法與感覺與他人分享時，我們自然會絞盡腦汁尋找適合的詞彙和表達方式寫出句子，然後將句子組成段落，再將段落組成文章。當那樣的溝通動機被剝奪了，寫作就只剩下符號與規則的操弄，變成一件極其無趣的事。當動機失去了，誰又會主動學習呢？

我自己有一段關於寫作自由與動機的深刻經驗。一九八五到一九八八年間，我在高雄中學念書，當年我最害怕的課就是作文課。每次老師公布題目後，我就望著作文簿發呆。沒有一次知道該寫什麼，最後通常都是胡亂寫一兩頁就交出去了。

同樣的那幾年，我卻很愛寫週記。我用掉所有版面寫一篇文章，不照規定的項目寫。固定的兩頁不夠，常常會寫到四頁，所以到了學期末我的週記都是兩本的「合訂本」。那時的心態其實很像寫部落格，就是寫些對生活的觀察與思考。

在當年的升學壓力下，寫週記文章是我唯一能夠體驗到自由的時刻。自由以外，我更珍惜的是那個審視自我的機會。在書寫的過程中，不僅讓我的想法更清楚，也更了解自己。我的週記實在太奇特，有一年還因此得了個「訓育成績優良」獎。我一直還保留高三上、下學期的週記。至於前兩年的週記，師長們奇文共賞爭相傳閱後，就沒回到我手上了。

二十幾年過去，台灣社會經歷解嚴、教改，一元化的教學與評量方式似乎還是沒有改變。但對真正想為自己寫的孩子來說，網路也帶來了一線生機。網路上的分享是一種解放，不再有老師訂題目與打分數，讓孩子們尋回失去已久的自由。網路上的分享也是一座橋梁，聯繫讀與寫的每一個人形成溝通網路，讓孩子們尋回失去已久的溝通動機。

我相信，認真寫作的孩子不會變壞。但我也要提醒，孩子們一方面需要網路帶來的寫作自由與動機，一方面也需要師長們的保護與引導。我建議師長們主動了解網路的特性，跟孩子們一起學習，一起上網分享。師長們這樣才能知道如何適當引導與保護，同時又不會給孩子過多的限制。而孩子們也能在安全環境中學習寫作，學習以文字與人溝通。如此，孩子們不僅不會變壞，反而會有更好的表達能力與溝通技巧，也會有更多的機會審視自我。

別忘了，盡量淺顯易懂

寫淺顯易懂的文章跟文筆沒有太大關係，重點在於針對讀者特性事先仔細規畫，並在寫作時用心挑選使用的詞彙、設計適當的比喻、減少觀點的複雜度……

寫作的主要目的是和別人分享心中的想法。這過程並不直接，因為作者並不能直接將想法塞進讀者的腦子裡。作者必須先藉由寫作將想法轉換成文章，讀者再藉由閱讀將文章再度轉換為想法。因此，如果作者希望想法能夠很容易地在讀者心中重現，就必須讓文章盡量淺顯易懂。以下列出四個寫淺顯易懂文章的原則：

一、使用簡單詞彙。你應該使用絕大多數的人都能理解的詞彙，來描述或解釋你的想法。不要使用「——學派」、「——主義」或「——理論」這樣的詞彙，也不要提到一般人會覺得陌生的人名或著作。如果你真的無法避免使用這樣的詞彙，就應該用自己的話寫一段解釋，而不要只是在那個詞彙上附上連到別的網站的超連結。許多作者容易犯的錯誤是覺得詞彙是自己熟悉的就用了，沒有考慮到某些詞彙可能未必是讀者熟悉的。

二、使用適當比喻。比喻的目的是藉由讀者已經熟悉的領域幫助讀者了解陌生的領域，例如「電池推動電子在導線中流動，就像幫浦推動水在水管中流動」，就是能幫助讀者了解電壓的適當比喻。余光中的「讀通文言文後可以寫出優雅流暢的白話文，就像蠶吃了桑葉吐出蠶絲」，也是很好的比喻。許多作者容易犯的錯誤是使用自己熟悉的領域來比喻，卻忽略了該領域可能是讀者不熟悉的。

三、呈現單一觀點。大部分的時候人們需要寫的是幾百字、頂多一兩千字的文章，而不是十萬字的論文。文章既然不長，就不可能面面俱到。別忘了，你每一篇文章應該只呈現單一觀點，並利用有限的字數充分描述與解釋那個觀點。許多作者容易犯的錯誤是試圖在一篇文章裡講太多東西，結果沒有任何一點講得清楚。

四、提供足夠脈絡。在資訊爆炸的時候，人們的閱讀是很沒有耐性的。作者要習慣幫讀者作摘要，提供與文章有關的脈絡，讓文章能夠自我完備。例如，如果你的文章是關於某則新聞的，你就應該用一段話摘要說明那則新聞或那篇文章的重點，然後才發表你的想法。這樣做的目的，是讓讀者可以直接讀懂你的文章，而不需要先讀完其他的文章。許多作者容易犯的錯誤就是急著說自己的想法，未能親自為讀者提供足夠的脈絡。

實踐這四個原則並不困難，不要覺得自己「文筆不好」就不去嘗試。寫淺顯易懂的文章跟文筆沒有太大關係，重點在於針對讀者特性事先仔細規畫，並在寫作時用心挑選使用的詞彙、設計適當的比喻、減少觀點的複雜度，並為讀者提供足夠的脈絡。如果你需要一些可以參考的例子，我的部落格文章基本上都是根據這些原則寫的。

只要你願意多為讀者設想，並耐著性子一點點地寫、一點點地改，一定可以將任何想法都寫成淺顯易懂的文章。一開始可能得花多一點時間練習，但熟能生巧。習慣了這樣的寫作方式以後，你將會發現，讀者更容易理解你的文章，你的寫作經驗也會更愉快。

防禦性寫作

在決定公開寫作之前，你必須充分了解網路的本質。如果沒有作好文章會被這些人讀到的心理準備，就不該在部落格或任何開放的平台寫作。

我對「防禦性寫作」的定義是，一種適用於公開發表文章（例如在網路上分享）的寫作原則，目的是降低自己的文章為自己惹來麻煩的機率。在這篇文章中，我將說明「防禦性寫作」的原則與實踐方式。

首先你要了解的是，網路上有許多平台是完全公開的。例如你在部落格上發表一篇文章，不是只有那些你告訴他們部落格網址的人讀得到。全世界不認識你的人，都可能藉由搜尋引擎讀到你的文章，也可能針對你的文章發表公開評論，或將你的文章分享到社群網站，讓全世界更多不認識你的人有機會讀到。不喜歡你或想要傷害你的人，一樣可以讀到你的文章，也一樣可以針對你的文章發表公開評論，或將你的文章分享到社群網站，讓全世界更多不喜歡你的人有機會讀到。

在決定公開寫作之前，你必須充分了解網路的本質。如果沒有作好文章會被這些人讀到的心理準備，就不該在部落格或任何開放的平台寫作。

如果你已做好心理準備，下一步就是認清現實。你要防禦的，「不是」別人的批評，因為那是不可能防得了的。你再怎麼用心、努力、中立、客觀，都不可能讓所有的人同意你的意見，也不可能滿足所有的人。全世界的人信的神都不一樣了，你又怎麼可能有本事能讓所有的人都跟你站在同一邊？所以，不要對讀者有過於理想化的期待，也不要試圖說服每一位表達異議讀者。面對批評，你應該要做的是接納而非防禦。

那麼，真正要做的防禦，是哪些呢？

在最基本的層次，是避免觸犯法律。你應該熟讀中華民國刑法，避免自己發表的文章觸犯任何一條。一般人最容易觸犯的，大概是第三百零九條公然侮辱罪和第三百一十條誹謗罪。在網路上的開放平台發表，就已經有「公然」與「散布於眾」的意圖。此外，你若在文章中明示或暗示他人犯罪或違背命令，也可能觸犯第一百五十三條妨害秩序罪。所以，你應該盡量避免使用容易讓人覺得被侮辱的表達方式。你也應該盡量避免攻擊別人，除非你有足夠的證據支持你的論點。你更應該盡量避免鼓勵別人犯罪或抗命。

進一步要防禦的，是避免你的讀者覺得被冒犯或被歧視。你如果因為表達不夠謹慎，而讓某些讀者覺得受到冒犯或傷害，那就等於增加了自己受傷的機率。別忘了，你的讀者來自世界各地，他們未必都是宅心仁厚、寬宏大量的。你應該盡量避免使用有歧視性的表達方式，也應該盡量避免使用源自刻板印象的表達方式。

最後要防禦的，是避免你的讀者對你或你的文章產生誤解。如果讀者因為誤解而對你產生負面印象，進而公開或寫信罵你，甚至想辦法傷害你，也會為你帶來麻煩。不要假定你的讀者都了解你，或讀過你的其他文章。就算你在網路上已發表了數百篇文章，在寫每一篇文章的時候都還是要以「讓不認識你也沒讀過其他文章的人能容易理解」的心態來寫。你應該不厭其煩地提供足夠的脈絡，盡量使用淺顯易懂的詞彙，並盡量清楚解釋一般人可能覺得陌生的概念。同時，你也該盡量避免情緒性的表達方式。

三個層次的防禦，看似複雜，其實基本的精神是非常單純的。簡單地說，就是這十個字：「保護別人就是保護自己」。盡量為讀者與你要談論的對象設想，讓讀者有愉快的閱讀經驗，也不要為你談論的對象帶來困擾。你用心保護他們，也等於保護了自己。因為，感受到你的用心的人，是最不可能找你麻煩的。

當然，即使實踐了防禦性寫作，也不保證不會遇到任何困擾。畢竟，世界這麼大，上網的人這麼多，沒有人有本事預期所有可能的狀況。但是，如果因此而不防禦，寫作時太過自我中心而忽略了任何人都可能讀到文章的網路現實，也沒有為他人設想，麻煩事就一定會源源不絕而來。所以，還是好好練習防禦性寫作吧！

寫作：為誰寫？如何寫？

為誰寫？只為自己寫，而部落格也只代表個人的聲音。但是，既然將文章上網公開，就是要和不特定的讀者分享。

我從一九九七年開始在自己的網站以中文發表文章，到今天已經有十五年的歷史。這些年，分享的平台從自己製作的網站變成部落格、微網誌與Facebook，我居住的地點從美國回到台灣，我的工作從學界轉到業界，甚至連我的寫作風格都改變了。但唯一不變的是寫作的心態。

在內容的選擇上，我始終只為自己寫，只寫自己想寫的主題。不管是寫哪一種類型的文章，我的主要目的都是幫助自己整理想法與感覺，並記錄下來。用攝影來比喻，每寫一篇文章，就像是在腦海裡為自己的想法與感覺拍了一張照片。我不會為了某些讀者的興趣而寫，更不會為了網站的流量而寫一些我不是很有興趣的主題。

別誤會，這並不代表我不重視讀者。內容的選擇固然是自我中心的，但表達的方式則是以讀者為中心的。我的原則是，只要閱讀程度有受過義務教育的水平，就能很容易地理解我的文章。對於讀者來自的國家地區、社經階層或專業領域，我不作任何假定。

為了達到這個目標，一般來說，我使用的詞彙比較簡單，語氣也比較溫和。我的文章從第一個字到最後一個字，都是針對不特定的讀者所設計的，而不是只寫給自己或某些特定的人看的。

如果文章關於公共議題，而非單純的個人心情，我當然希望愈來愈多人閱讀愈好。所以，除了在表達形式上「只要閱讀程度有受過義務教育的水平，就能很容易地理解」，還有一些更進一步的、針對讀者與網站使用者特性所作的額外考量。

首先，大部分的讀者都是透過搜尋引擎或他站連結，找到我的文章。任何一篇文章，都可能是讀者讀到的第一篇文章。如果文章不易理解，甚至讓人心生反感，讀者就不會再重複訪問，就好像難用的網站我們不會再去第二次一樣。

針對這個特性，我的設計是讓每篇文章都自我完備。每篇文章提供足夠的脈絡，讓無意間看到文章的讀者，也能在不參考其他訊息的情況下，很容易地理解我想談論的主題及呈現的觀點。我希望每一篇文章都能做好「迎賓」的準備。

其次，電腦螢幕本身就是光源，而且解析度不夠高，因此在電腦螢幕上閱讀不如閱讀一般印刷品舒適。再加上網路上的資訊太多，而人的時間有限，人們也因此變得比較沒有耐性。論點太多、篇幅太長、要花許多時間閱讀的文章，很容易嚇到讀者，增加了他們急急按「上一頁」離開的機率。

針對這個特性，我的設計是讓每篇文章都只有單一觀點，字數上限以一千五百字為原則，雖然不少文章常常超過字數上限。對於要在電腦螢幕上閱讀的文章來說，這樣的字數還是有點多。但因為每篇文章只講一件事，而且在表達形式上已經針對讀者特性作了設計，應該還是有相當的易讀性。

所以，為誰寫？只為自己寫，而部落格也只代表個人的聲音。但是，既然將文章上網公開，就是要和不特定的讀者分享。既然要分享，就要用讀者容易理解的方式來寫作。如何寫？我的比喻是使用者介面的設計。要針對使用者的認知特性與習慣設計，才能設計出易用性高的軟體與網站使用者介面。同理，針對讀者的認知特性與習慣寫作，才能寫出易讀性高的文章。

我把「為誰寫」與「如何寫」分得很清楚。因為，如果兩者都以讀者為中心，就會逐漸失去表達自我的機會；如果兩者都以自我為中心，又會讓大部分的訪客覺得這個部落格難以理解與親近。唯有「為誰寫」以自我為中心，「如何寫」以讀者為中心，才能保有主題選擇的自由度，同時又能達到分享的目的。

太空站與部落格

個人在網路上永久存在，跟人類在太空中永久存在一樣，是一個必須永續經營的任務。

我很喜歡以太空站來類比部落格，因為兩者都是為了「存在」：建造太空站的目的，是讓人類能夠永久存在於太空中；經營部落格的目的，則是讓個人永久存在於網路上。兩者都是長期的工程，成果是逐漸累積的。有必要時，兩者也都會面臨銷毀舊站、重建新站的決定。

太空站

由七個模組組成的前蘇聯和平號太空站，是人類在太空中永久存在的第一個成功嘗試。和平號的建造期間長達十年（一九八六—一九九六年），也創下了連續十年（一九八九—一九九九年）有人員駐站的紀錄。但就像所有人造建築一樣，和平號後來開始老化，駐站人員幾乎每天都在修東西，根本沒時間做實驗。二〇〇一年三月，俄羅斯政府終於決定將和平號太空站推向地球大氣層銷毀，結束了人類太空探索的一段輝煌歷史。

和平號的生命結束了，但和平號在太空中十五年為人類累積的知識，及其象徵的人類在太空中永久存在的精神，都沒有結束。一九九八年，美國、俄羅斯、日本、加拿大與十幾個歐洲國家開始合作建造國際太空站。建造這個新的太空站的工程與科學基礎，正是來自和平號太空站累積的經驗。國際太空站的建造期間同樣漫長，歷時十三年才完成。而國際太空站從二〇〇〇年底開始連續有人員駐站至今，也已超過十二年。

我們可以預見，國際太空站也會有老舊的一天，也終將面臨重返大氣層銷毀的命運。但我們也知道，屆時必定會有新的太空站取代國際太空站，而人類也會繼續在太空中永久存在。

部落格

不論是二十世紀最後十年的個人網站或是二十一世紀前十年的部落格，都是一種個人在網路上永久存在的方式。我們把自己思考的一部分轉換為文章、照片、影片或程式碼，一點一點地送上網路。然後，像建造太空站一樣，在網路中將它們組織起來，形成一個完整的結構。這個結構，就是個人在網路上的表徵或代理人。換句話說，就是個人在網路上存在的形式。

這個建造的過程是漫長的。我們的大腦中儲存了大量的資訊，而且每天都還會增加新的經驗。但我們一次只能送出極小的一部分到網路上，因為寫作、拍照、錄影、編程都需要時間。這就好像太空站的建設，每一次美國太空梭或俄羅斯火箭升空，都只能運送一個模組到太空站。人們應該體認，個人在網路上永久存在，跟人類在太空中永久存在一樣，是一個必須永續經營的任務。

人們尋求在網路上永久存在的同時，相關的資訊技術也在進步。在個人網站的時代，我們用FTP軟體上傳自己編輯的網頁與其他資料到網路空間中，還需要自己修改首頁的連結以反映新增的內容。我從一九九四年開始以純手工的方式建造個人網站，就這樣做了十年。到了後期，資料量愈來愈大，維護的工作也變得更繁瑣。這種狀況，就像和平號太空站一樣。於是，我在七年前砍掉經營了十年的個人網站，改用WordPress部落格系統來建設、管理與呈現網路上的自我。

在今天的網路世界中，二十世紀最後十年建立的個人網站多半不是廢棄了就是消失了。但對我來說，過去的文章換了一種形式後仍然持續存在於網路上。從個人網站到部落格的改變，也許是在很短的期間發生的，但個人的成長是長期的、連續的。部落格之於個人網站，就像國際太空站之於和平號太空站一樣。個人在網路上永久存在的目標沒有改變，就像人類在太空中永久存在的目標沒有改變一樣。

部落格總有一天會被新的技術所取代。多年以前我們砍掉了個人網站，多年以後我們終將再度砍掉部落格。我不確定那一天什麼時候會到來，也不確定新技術會有如何的樣貌。但可以確定的是，當那一天到來，我會準備好以新的技術繼續在網路上存在。希望你也一樣。

PART 6

教養大於放養，每個孩子都是獨一無二

哭著回家找媽媽

哭著回家找媽媽，一點也不是軟弱的表現。能夠哭著回家找媽媽，表示你能夠謙卑但勇敢地面對自我。

很多人對「哭著回家找媽媽」這個表達方式印象深刻，都是因為五年前的教育部主任祕書莊國榮在面對台灣民主紀念館牌匾拆除爭議時，說的：「要在法庭上讓郝龍斌市長哭著回家找媽媽。」如今事過境遷，但我還是想認真談一談「哭著回家找媽媽」這件事。我認為，遇到挫折時能夠哭著回家找媽媽，不是軟弱的表現，而是一件極為幸福的事。

你在遇到挫折時要哭著回家找媽媽，你的媽媽必須在家而且願意無條件接納你。這看來平淡無奇，但是請再想一下。你的媽媽為什麼必須為了不確定什麼時候會哭著回來的你在家做好準備？你的媽媽又為什麼必須放下自身的立場無條件接納你？你自己做得到這兩點嗎？

在一九九五年的電影《麥迪遜之橋》（*The Bridges of Madison County*）裡，**Francesca**對**Robert**說：

「你不了解，大家都不了解。當一個女人選擇結婚生子，她的生活一方面開始了，一方面也結束了。妳的生活充滿了各種瑣事。妳成為一位母親、一位妻子，妳停下腳步維持安定，讓妳的子女可以向前走。當他們離開時，他們也把妳充滿瑣事的生活帶走。那時妳覺得妳應該再度向前，卻發現已不再記得該如何邁步了。太久沒有人叫妳動，連妳自己都忘了。」

啊！瑣事。媽媽的生活中總是充滿了丈夫與子女帶來的瑣事。在子女離家之前，媽媽大概很少有機會能夠持續兩小時專注在同一件事上。她總是會被瑣事打斷，而那些來自家人的瑣事永遠需要優先完成。

你一定有這樣的經驗。租了DVD回家跟家人一起看電影，卻發現媽媽總是無法全神貫注。不是看到一半去廚房切水果，就是開始收碗盤。總之，她一定會做一些其實並不需要在看電影的這段時間內完成的事。但是，她就是會去做。不是她不喜歡看電影，而是她已經不知道該如何持續兩小時不做那些滿足家人需求的瑣事，只為自己做一件事了。

有沒有看過六年前安麗的「改變生命未來式」系列電視廣告？其中，「主婦學習篇」讓我印象最深刻。廣告的主題是「以前是老公給我的，現在我也有給的能力了」。內容如下：

「笑容與志氣一樣大的她，自嘲曾是電視機前的沙發植物人。『孩子有孩子的天堂，老公有老公的成就感。』她從來沒有想過，除了家庭之外，也能擁有不一樣的生活。自從加入安麗之後，學會的不只是人生的課程，更豐富了自己，腦袋的東西全部換新。以前是老公給的，現在她也有給的能力。那種被需要的快樂，是從來沒有過的。」

這當然是傳銷公司的廣告，所以最後還有一句「加入安麗事業，給自己一個改變的機會」。即使如此，廣告描繪的心境確是事實。今天我們能夠追尋自己的夢想，是因為媽媽放棄了她的夢想。是的，媽媽當然會說丈夫、子女就是她最大的幸福。但誰都知道，這絕對不是她結婚之前的夢想。

所以，你現在知道了。哭著回家找媽媽，一點也不是軟弱的表現。能夠哭著回家找媽媽，表示你能夠謙卑但勇敢地面對自我。願意哭著回家找媽媽，代表我們感激並珍惜媽媽為我們所做的一切。真的，有機會哭著回家找媽媽，是一件極為幸福的事。

教養不只是教育而已

教養其實很單純，我們並不需要為教養戴上品格或道德的大帽子。只要有心，每一個人都可以成為有教養的人。

這幾年，大學考試分發的錄取率愈來愈高。高等教育的普及，一方面是好事，一方面也令人擔憂。因為這個社會重視的是訓練考試與工作技能的教育，對教養問題並不重視。台灣人教育與教養水平的落差愈來愈大。

我經常在週末到賣場購物。在人擠人的賣場中，剛好見證教養問題的嚴重性。許多人推著購物車，想停就停，不會把購物車停在比較不會堵住通道的地方，也不會經常注意一下購物車是不是擋到別人了。當你停在某個陳列架前看某件商品時，經常有人就直接從你面前走過或把東西拿走，卻連一句抱歉也不說。

還有小孩子到處亂跑，東抓西爬，大呼小叫，也不見父母出面管教。即使有，多半也是對著孩子說：「小聲一點！不然老闆會生氣喔！」家長都沒有同理心了，又如何能夠教出有教養的孩子呢？

這還只是一般民眾的行為。如再對照一些官員和民意代表的粗魯言行，你會發現，台灣人的教養並沒有隨著高等教育的普及而變得更好。

台灣人笑大陸人隨地吐痰，自己卻隨地吐檳榔汁。台灣人笑大陸人沒有秩序，自己也不懂得排隊。台灣人到大陸旅遊說公廁很恐怖不能上，回到台灣還不是經常受不了又髒又臭的公廁。我還記得二〇〇四年總統候選人辯論時，黃崑巖教授曾問「何謂教養」。兩位候選人都答非所問，只談教育。如果領導者都不知教養，台灣又如何能夠成為一個有教養的國家？

教養其實很單純，我們並不需要為教養戴上品格或道德的大帽子。只要有心，每一個人都可以成為有教養的人。那個「心」就是同理心。

政府官員或民代發表公開言論時，如有同理心，就會顧慮聽眾對不同的言行可能產生的感受，修飾並節制自己的言行，讓自己用不冒犯別人的方式表達自己想法。一般人在日常生活中，只要有一點同理心，從別人的觀點想一下，就不會妨礙或侵犯到別人的空間、權利與隱私。

台灣人的問題在於太自我中心，不知道也不在意別人感受。結果人與人互相侵犯，每一個人都受害。要跳脫這個惡性循環，就必須看得遠一點。如果有同理心，尊重別人就等於尊重自己，並不困難。用同理心為別人設想，表面上看起來會讓你覺得少了點自由，因你要想得比較多，言行也要比較節制。但如果每一個人都能用同理心為他人設想，最後每個人都能獲益，因為你不再需要經常擔心自己的空間、權利與隱私被別人侵犯。

台灣還有許多教育問題待解決，還是得繼續「拚教育」。但是拚教育之餘，台灣人真的也應該把眼光放遠，開始「拚教養」了。

自殺防治必須從小做起

父母、師長只在意孩子面對有標準答案問題的考試表現，不在意孩子面對不確定情境的問題解決能力。這樣的孩子長大以後，不會有良好的問題解決能力。

在某個深夜裡，你躺在床上，疲累但無法入眠。白天的學業、工作、生活、家庭或感情上的種種不順遂及隨之而來的壓力，不斷地在你腦中翻騰。幾分鐘前，你或許喝了不少酒，或許哭了一場，或許，你什麼都沒做。總之，你覺得不管做了什麼，都解決不了，也逃避不了那些帶給你壓力、讓你不快樂的問題。你無助地躺在床上，淚水流過雙頰，枕巾濕了一大片。你閉上雙眼，心中不只一次這麼想著：多麼希望今晚睡著之後，就再也不要醒來了！

你我的一生之中，或多或少都有這樣的經驗。而我相信你也跟絕大多數的人一樣，第二天一早還是醒來了，心不甘情不願地展開新的一天。如此日復一日，年復一年。然而，還是有極少數的人，採取了一些行動，讓自己不要醒過來。有些人依賴的是酒精或毒品，也有一些人選擇了比較激烈的方式：直接結束自己的生命。

每次有名人自殺都會被大幅報導，喚起社會大眾對自殺問題的關心。每次從政府高層到學者專家，也都提出許多所謂「自殺防治」的策略與方案。但我們不能忽視一個殘酷的事實：自殺這件事，不管看起來多麼激烈或不理性，那還是自殺者個人的選擇。自殺的原因極為複雜，如果以疾病預防的模式談自殺防治，不僅過於簡化了問題，也未必能達到具體的效果。

對每一位意圖自殺的人來說，自殺都是一種解決問題的方法。每一個人都有其獨特生命經驗，自殺是否成為解決問題的方法之一，甚至是否成為解決問題的唯一方法，往往不是由客觀的環境因素決定的，而是由主觀的心理因素決定的。

認知心理學家發現，人們如果用不同的觀點看問題，會影響問題解決的難度。對於同樣的問題，有些觀點讓人比較容易找到解答，有些觀點則讓問題顯得困難。認知心理學家也發現，人們在解決問題時，往往會做出許多不必要的假定與限制，而這又會增加了解題的難度。所以，當人們遇到問題時，如果沒有能力與耐心嘗試轉換觀點，如果因為習慣與理念對自己、對他人做了過多的限制，就不容易找到解決問題的方法。

問題解決是一種逐步改變現狀的過程。就像下棋一樣，從下第一步棋到最後一步棋，需要謹慎地計畫，而且不管多謹慎，每一個決定都還是有相當的不確定性。當然，最後的結果，也是不確定的。生活中的問題，不像下棋有明確規則可循，過程與不確定性就更高了。解決生活中的問題，不僅需要良好的分析與計畫能力，還需要自由的思考習慣與對不確定性的容忍度，才能妥善地設定與調整目標，有耐性地逐步解決問題。

在這樣的脈絡下，我們可以預期，一個人的問題解決能力愈強，選擇自殺的機率就愈低。問題解決能力需要長期的培養，無奈的是，台灣的教育仍然是相當升學導向的。父母、師長只在意孩子面對有標準答案問題的考試表現，不在意孩子面對不確定情境的問題解決能力。這樣的孩子長大以後，不會有良好的問題解決能力。他們面臨人生的大小問題時，如果把自殺視為解決問題的唯一方法，你我都不應該感到意外。

成年人在法律上是獨立的個體，自殺又是一般人以常理無法預測的選擇。預防問題解決能力不佳的成年人自殺，就好像預防有瑕疵的車子發生意外一樣。不幸的是，車子可以由原廠召回檢修，我們卻沒有資源與權力用同樣的方式對待我們的公民。自殺防治的重心不應該只放在辨識所謂自殺的高危險群，並試圖阻止他們，那樣治標不治本，成效不可能太好。我們真正應該做的，是謙卑檢視自身對教育的種種信念與價值觀。

如果，身為中小學生家長的你，看到一綱多本，所以學校教這本，你就把孩子送去補別本，或是你只在意考題有否超出範圍或上課有沒有教，你就是在增加你的孩子自殺的風險。你難道沒有注意到，青少年自殺的問題日益嚴重嗎？多少孩子還來不及長大，就選擇了結束自己的生命。

自殺防治必須從小做起，從改變父母、師長的信念與價值觀做起，從停止填鴨式教育做起，從培養解決問題的能力做起。唯有如此，我們的下一代在成年後，才能有足夠的問題解決能力，去面對並克服自己人生之中的種種問題。或許我們仍然無法避免某些人將自殺列為選項之一，但他們會因為能夠看到其他的可能性，而不會選擇自殺。這才是自殺防治的治本之道。

少一點補習，多一點自我認同

不要太在意分數，只要孩子盡力就好。有太多事情比分數重要，太在意分數的父母，只會成為傷害自己孩子的幫凶。

我在十一年前從美國回到台灣的大學任教以後，就對台灣的教育問題很關心。當時的行政院長游錫堃有一次說了一句讓我印象深刻且很能同理的話：「美國家長帶孩子去運動，台灣家長帶孩子去補習。」

之後，我特別透過媒體觀察了家長的反應。不少家長認為孩子課業繁重，不得不補習。也有家長表示，孩子小學畢業後進入國中，第一次段考考得不好，回家後哭著說覺得自己好爛。所以，帶孩子補習的理由是讓孩子考好一點，減少孩子的挫折感。我想，那些沒有投書各大媒體的家長，必然也抱持著類似的理由吧！

然而，課業繁重，就非得補習不可嗎？孩子的挫折感，可以用補習來減少嗎？個人在此願和家長們分享一些個人的經驗與想法。

我是所謂的五年級生，當年升學壓力比現在大，但我求學時從未補習過。其實我國、高中成績都很差。國中時成績始終在班上最後五分之一，到了高中三年級時甚至因為數理化三科不及格而無法拿到高中文憑，最後只能以同等學力報考大學。即使如此，我後來還是應屆考上大學（高雄醫學院，我當年的母校，剛好也是我回台灣後曾經任教長達十年的學校）、研究所（國立中正大學），並有幸從美國一流大學（伊利諾大學香檳校區）取得博士學位。

回想當年，我和現在的孩子一樣，要面對繁重的課業與不佳的成績帶來的挫折感，但我的父母從來沒有逼我去補習。我能平安度過中學那段充滿危機的時期，並走出自己的路，這其中的關鍵和父母的態度很有關係。

青少年階段是發展自我認同的階段，家長重視的不應該是表面的分數，而應該重視孩子能不能建立起自我認同。青少年的自我認同包括了自我肯定（我是誰），及找尋自己的人生目標（我要往哪裡去）。

試想，在青少年階段，還有什麼比自我肯定更重要呢？在學校裡，學業表現帶給孩子挫折，孩子覺得自己「好爛」。回到家裡，父母的反應是什麼？趕快帶孩子去補習！父母這樣做，帶給孩子什麼訊息？「對，你好爛，我帶你去補習，讓你變得比較不爛。」換句話說，你帶孩子去補習，就是接受了體制對孩子的負面評價，幫著自己所批判的體制毀了自己的孩子。

希望各位父母在帶孩子補習前能夠三思。當體制否定甚至拒絕（如當年我拿不到高中文憑）你的孩子時，做父母的有沒有試著去了解孩子的學習狀況，發現孩子的優點並肯定他的能力，陪著他度過一次又一次的挫折與難關？我很慶幸，我的父母花了很多時間了解我的個性、興趣與能力，面對拒絕自己孩子的教育體制，他們始終站在我這邊，從未放棄對我的信心。也因此，我沒有失去自信，而能夠一直堅持，用自己的方式，走自己的路。

自我認同的另一個向度，是找尋自己的人生目標。返國任教以後，發現此地的學生往往到了大學快畢業了，對自己的人生還沒有明確的規畫。他們不了解自己的興趣與性向，不了解社會現況，也無法據以設定人生目標並作生涯規畫。於是大家都往研究所擠，想躲在學校裡，過個兩三年再決定。

究其原因，是他們在進大學前就已經花了太多時間在被動應付學校課業和補習上，沒有建立起主動了解自我與探索世界的習慣。換句話說，我們的孩子從來沒有機會結束青少年階段，他們從來沒有機會真正「長大」，不是嗎？許多中學生被禁止談戀愛，以至於進了大學後，完全沒有處理感情問題的能力，不知如何適當開始、維持及結束一段感情。於是我們不斷看到大學生因愛生恨，進而傷人甚至殺人。

一個沒有機會長大的孩子，一個只能被動應付環境壓力的人，不可能有太好的成就。游前院長說「帶孩子去運動」；其實，不只是運動，父母還要帶孩子去閱讀（各種課外書）、去旅遊，去從事各種讓孩子有機會了解生活與世界的各個面向的活動。孩子對自己及世界了解愈多，他就愈能找到自己的人生目標，並主動規畫自己的生涯發展以達到目標。

我再一次覺得慶幸，在成績不佳的中學階段，我的父母仍然容許我把時間花在閱讀各類課外讀物，讓我有機會了解自己的興趣與性向。因此進了大學後，我反而比較不會有其他大學生經歷到的、對未來的茫然與對自我的困惑。

我絕對同意台灣的教育有很大的問題（我深受其害），確實需要改革。但不論是從我個人的經驗或專業來看，我都想提醒家長們，應該要調整自己的心態。真的，不要太在意分數，只要孩子盡力就好。有太多事情比分數重要，太在意分數的父母，只會成為傷害自己孩子的幫凶。

父母親真正應該在意的是如何發現孩子的優點，協助孩子建立適當的自我認同，幫助孩子肯定自己，找到自己的人生目標。唯有如此，我們的下一代才有可能真的快樂起來。我的父母既不是老師，也沒有心理或教育學位，但他們做得到。相信各位家長，也一樣做得到。讓我們為自己加油，也為孩子們加油！

明星高中的迷思

想想看，如果你非常期待孩子考上明星高中，當他考不上時，你怎麼評價你的孩子？你會開始懷疑孩子的能力，而孩子也會開始失去自信。

明星高中，其實就是制式學科成績高的學生密度較高的學校。這類學生密度高，所謂升學率當然也高。所以，明星高中與高升學率的關係，基本上是相關而非因果。

然而，當家長相信只要孩子能進入明星高中，將來就能考上好大學時，其實是作了一個不正確也不適當的因果假定。不幸的是，許多家長仍然基於這樣的假定，希望自己的孩子能夠擠進明星高中。僧多粥少，考試分發機制再以成績與志願序篩選學生，明星高中的地位自然更加穩固。強化明星高中地位的不是別人，正是那些對孩子選填志願有影響力的家長們。

除了對現實世界的假定有問題，家長的心態更令人擔憂。一般社區高中的教育品質其實已經很好，但家長仍希望孩子進明星高中。這反映了「只相信明星高中的光環，不相信孩子的能力」的心態：相信只有明星高中才能讓自己的孩子考上好學校，而不相信自己的孩子在社區高中也能主動探索世界，而有同樣好甚至更好的表現。

家長們或許沒有意識到，當你對孩子進入明星高中的期待愈高，對孩子的不信任也愈高。想想看，如果你非常期待孩子考上明星高中，當他考不上時，你怎麼評價你的孩子？你會開始懷疑孩子的能力，而孩子也會開始失去自信。

我曾訪問一所公立高中，該校雖不是第一志願高中，但歷史悠久且校風優良。在與一部分即將畢業的學生座談時，我發現他們很有潛力，他們卻直說自己不如明星高中的學生。聽到他們這麼說，我難過得幾乎要掉下淚來。誰讓我們的孩子失去了自信？不是什麼排行榜也不是明星高中，而是這些孩子的家長。當然，帶了這些孩子三年卻無法幫助他們建立自信的老師，也難辭其咎。

如果孩子們內化了來自父母、師長的懷疑及社會的刻板印象，相信明星高中的學生能力好，認定自己屬於能力差的一群，將承受心理學家稱為「刻板印象威脅」的風險：也許孩子原本的能力並沒有比較差，卻很可能會表現得符合刻板印象。也就是說，表現得不如明星高中的學生。原因之一，是當孩子相信自己的能力有限、再怎麼努力也沒有用時，他很可能放棄許多可以發揮潛能的機會，而結果當然就是表現不佳。

如果真的要為孩子好，就請大家不要再用傳統的價值觀評價孩子或為孩子做選擇了。那樣的評價與選擇既不適當也不正確，而且會造成傷害。更不需要太在意孩子念的是不是明星高中；只要願意了解、接納並相信孩子，讓他們自在、適性地發揮潛能，每一個孩子，都會成為讓你驕傲的明星。

學校牆裡，牆外

學校的大環境不改變，中輟的問題就不可能解決。就算把孩子找回來了，沒有一個真心接納他們的環境，沒多久他們又會中輟。

「找回中輟生」一直是許多學校面臨的艱難挑戰。但如果我們從孩子的角度來看問題，會發現一個很矛盾的現象。對許多中輟生來說，他們的家庭是弱勢的，校園以外的世界又是危機四伏的。相較之下，學校是一個資源豐富又舒適的環境，照理說應該對這些孩子有最大的吸引力。但我們卻很遺憾地發現，學校往往是這些孩子最不願意去的地方。

為什麼？我們目前的中小學基本上都是依據升學主義的價值觀設計出來，為中產階級的孩子提供教育服務的。這樣的環境對於來自弱勢家庭或學業表現不佳的孩子，其實是相當不利的。就以國中為例，除了輔導老師，一般的學科老師最在意的就是成績，最喜歡的就是成績好、常規好的孩子，不太可能主動接納或試圖了解學業表現不佳或常規不好的孩子。

雪上加霜的是，台灣社會太過自我中心，以致許多家庭教養出來的孩子，都普遍欠缺同理心。今天如果一個國中生因為家庭環境不佳，無法好好洗澡或穿乾淨制服上學，當他走進教室時，他的同學們的第一個反應就是嫌惡，而不是將心比心，從對方的角度試著了解他為什麼會那樣，更不用說是去關心他了。

如果你來到學校，發現大部分的老師和同學都不接納你，讓你很痛苦，又不想回家，因為家庭沒有溫暖。所以你不上學也不回家，而在外面混，結果發現反而可以交到「志同道合」的朋友。你會不會也做出「不去上學」的決定？那不是一個容易的決定，而是一個痛苦的決定。當大部分同年齡的小孩都在學校裡享受學校豐富的資源和舒適的環境時，小小年紀的你必須在龍蛇雜處的現實社會中求生存。在那樣的環境裡，或許有人願意接納你，但也充滿了危機。

學校的資源與舒適性比大部分中輟生的家庭及他們在外面混的環境好，但學生中輟問題仍不斷發生。學校的大環境不改變，中輟的問題就不可能解決。就算把孩子找回來了，沒有一個真心接納他們的環境，沒多久他們又會中輟。沒錯，來自這些中輟生背後的家庭問題是真實存在的。但是每一個孩子後面都有一個家庭，光是教育這些孩子就已經讓老師們筋疲力盡了，教育機構不可能有太多餘力處理家庭問題。

目前教育部預防中輟的措施多半著重在孩子與家庭，這當然值得肯定。但也不要忘了學校本身還存在著更大更根本的問題，需要教育部拿出更多的資源與更大的魄力來改革。

過度學習，害了孩子

孩子們是有無窮的潛力的，給他們愈多限制，他們能發展的空間愈少。

我在許多演講的場合都會談到補習的壞處。而幾乎每次都會遇到來自家長的類似回應：在一綱多本的環境下，孩子在學校學某種版本的教科書，他如果不把孩子送去補習班補別本，會擔心孩子的學習「不完全」。

就是這種似是而非的「完全學習」心態，害慘了孩子，也讓書商藉著參考書的書海策略賺進大把銀子。如果家長心態正確，書商還賺得到錢嗎？家長的不正確心態，教育部管得了嗎？

在人工智慧的領域談學習，一定會談到很重要的一點，那就是有效的學習必須避免過度學習。有效的學習，指的是藉由經驗學到規則。舉個例，今天我們要訓練一個系統學會辨認手寫的中文字。我們給它十萬字的樣本，訓練它辨識。訓練到什麼時候才喊停呢？通常最好的時機並不是正確率百分之百的時候，而是正確率高到某個程度，例如百分之九十五，但不到百分之百的時候。

為什麼不是百分之百？因為當系統達到百分之百的正確率時，它學到的已經不只是中文字的結構和筆畫規則，還有特別屬於這個樣本的一些手寫風格。也就是說，它直接把每個樣本記下來了，會認為「長成某種樣子的字」才是字。拿這個過度學習了的系統去認別的樣本，只要字跡有一點點不一樣，它可能就認不出來了。適度學習的系統，學到的是產生樣本的規則，類化能力反而比較好。只要先前的訓練樣本有代表性的話，看到沒有出現在學習樣本的字跡，也有很高的機率可以認出來。

類比到我們的教育，可以這樣說，如果家長希望孩子在學校或班上拿到第一名，或是希望孩子藉由補習或學完各版本的參考書，其實就是要孩子過度學習。家長有這種心態，對孩子的學習與類化知識的能力，其實是有害的。很少有家長能認清，自己的心態其實是在傷害孩子，而非幫助孩子的發展。

我們的下一代在豐富的文化刺激中成長，他們原本就應該也的確比我們聰明。我常舉的例子，就是我念完大學，才接觸到網際網路；念完碩士，台灣才出現有線電視。現在的孩子，從小就接觸這些刺激；現在的國中生出生的時候這個世界就已經有Google了！現在的孩子如果像我們小時候一樣，沒有看過有線電視也沒有機會上網，我們就會覺得他以後競爭力會不如人。

所以，做父母的其實只能陪著孩子走，而沒有能力指導孩子的發展或為孩子規畫未來。孩子們是有無窮的潛力的，給他們愈多限制，他們能發展的空間愈少。我非常希望台灣的老師和家長們都能學會「放手」，雖然我知道這並不容易做到。

PART 7

教導甚於指揮，
師生從互信做起

「謝師宴」謝什麼

老師們不是主角，只是應邀出席觀禮的貴賓。現代的謝師宴只是借了「謝師宴」的舊稱，主要目的並非謝師。

十多年前我剛從國外回來在大學任教，總覺得學生平日盡到學習的責任就是謝師，畢業前請吃飯有點多餘。如果因為我教學表現不佳致使學生平日沒有動機學習，那麼謝師宴對我來說更是受之有愧。所以我一開始都會把想法表達清楚，然後婉拒出席。

學生沒料到這種反應，就會試著解釋。每年都這樣來回討論幾次之後就比較清楚了。學生畢業前夕舉辦餐會並安排遊戲與表演，主要目的是彼此分享畢業的喜悅與對同窗情誼的珍惜，並藉由盛裝出席象徵人生新階段的開始，算是一種成年禮。老師們不是主角，只是應邀出席觀禮的貴賓。

現代的謝師宴只是借了「謝師宴」的舊稱，主要目的並非謝師。在我了解這點之後，對所謂謝師宴就比較不排斥。任教大學的十年期間都是基於「出席學生的『畢業聯歡會』分享喜悅」的前提出席，而不是去接受感謝。

後來我又想起二十年前我自己大四那年的往事。謝師宴前的班會上，有人堅持不要邀請某些老師。當時我心裡認同，但投票時不敢舉手。大家討論一陣之後還是和諧地決定每位都邀請。所以我一直很敬佩那少數幾位異議的同學堅持「謝師」本質的態度。

那年我們在一家西式自助餐餐廳辦謝師宴。跟餐廳談條件讓學生免費使用KTV包廂，學生中午提前進駐，一直唱到晚上。老師們在晚宴時間抵達，大家單純用餐，行禮如儀，相敬如賓。回想起來，二十年前我們的謝師宴就已經是畢業聯歡會了，而且玩功完全不輸現在的學生。

各地師生一直沒有為此習俗正名也難辭其咎。既然宴會不是為了謝師，就別再稱為「謝師宴」了。正名為「學生畢業聯歡會」，才不會有一些搞不清楚狀況的老師三天兩頭就來批評謝師宴的排場鋪張浪費，更不會有搞不清楚狀況的政府官員訂出奇怪的行為指引。

畢業聯歡會，名實相符，賓主盡歡，多好！

學習如何「看」人

當年我們是藉著這些內容學習如何「看」人，如何超越行為的表象，洞察內在的歷程與表徵。如果事隔多年還保有一些當年學到的觀點與態度，就很夠了。

二〇〇一年，我從美國回到高雄醫學大學任教。同一年，成大醫學院創院院長黃崑巖教授積極推動的醫學院評鑑剛啟動。我是認知心理學家，也是高醫校友，從二〇〇二到二〇〇六的四年期間，獲邀參與了高醫在首次評鑑之後的醫學教育改革與醫學系課程整合。所以我很早就認識黃崑巖教授。二〇一二年二月黃崑巖教授病逝於美國，讓我非常感傷。

因為有人因工程與認知心理學背景，我一直覺得醫療錯誤（medical errors）

是一個重要的主題。醫學生要知道人是會犯錯的，而且要知道不當的儀器設計、環境配置、工作流程與組織文化，都會增加錯誤的發生機率。這樣的了解，對他們日後進入醫院工作時避免犯錯，是有幫助的。從使用者經驗設計的脈絡來看，這也是醫師的經驗設計。

二〇〇三年，我在《中國時報》時論廣場寫了篇〈知錯避錯〉，強調這樣的觀點。二〇〇五年，在邱小妹事件發生後，我也寫了篇〈邱小妹曾流失的機會〉。除了再次強調僅懲處前線的作業人員，而不檢討導致意外發生的潛在因素，並無助於避免類似意外再度發生，也分析了我在這個事件中看到的責任分散現象。

從二〇〇三到二〇一〇年，我每年在醫學系二年級開的「普通心理學」課程，就是根據這樣的方向設計的。先講授正規的心理學主題，從知覺、學習、記憶、思考、智慧一直到社會心理學（用的是正規的心理學教科書），最後以這些基礎知識分析醫療錯誤（用的教科書是《*To Err Is Human: Building a Safer Health System*》的前幾章）。這其實也是我現在在業界的使用者經驗課程的原型。

兩學分課程的授課時數有限，大部分的時數都用於講授正規且必要的心理學主題。只能保留一週從醫師的角度談醫療錯誤，沒有足夠的時間從病人角度來談。但以認知與人因的基礎為醫學生設計一門普通心理學課程，應該在其他的醫學院也很少見吧。雖不完美，我還是覺得這是一門很棒的課，大部分學生也都很滿意。

二〇一一年，我離開高醫之後，常常問自己一個問題：每年的修課學生都給這門課相當高的評價，但幾年之後當他們進入醫院見習、實習、成為正式醫師，還能記得多少呢？我自己大學畢業後也忘了許多課程的內容了，不是嗎？

我不知道，也不期待他們真的記得大部分的內容。畢竟課程內容只是思考方法與觀點的載具，當年我們是藉著這些內容學習如何「看」人，如何超越行為的表象，洞察內在的歷程與表徵。如果事隔多年還保有一些當年學到的觀點與態度，就很夠了。都忘了也沒關係，只要那個學期的課程能讓學生有所成長，也值得了。

醫學院基本上是威權保守的，所以很多改革推行起來都會遇到困難。這之中一定會有一些形式主義的東西，例如很多所謂的醫學人文或醫學倫理課程，但整體來說還是正面的。高醫當年對我的課沒有任何干涉，讓我可以充分實踐我的理念，我很感激。而再把時間拉長一點，對照十年前與今天的醫學教育，我還是看到了很多正面改變。

我很高興曾經為台灣的醫學教育貢獻自己的專業。也許在十年的期間只影響了一所學校的醫學生，但那也是難得的緣分。我可以毫不保留地這樣說：以後當我需要醫療服務時，我會希望我的醫師是我以前的學生。

我雖然從醫學教育轉到使用者經驗設計的場域，還是一直在思考兩者之間的關聯。我們的醫療環境的軟硬體與服務都應該要被重新設計，讓使用者（醫療專業人員與病人）置身其中能更安全，也能得到更好的經驗。當然，最根本的醫學教育，也還是要延續黃崑巖教授的努力繼續改革下去。

謹以此文紀念黃崑巖教授。

教學作為一種服務

曾有學生給我這個有趣的比喻：來聽課就像看演唱會，跟在家裡聽錄音或讀同學抄的歌詞的感覺是不一樣的。

在大學任教的十年期間，我一直把教學當成一種服務。在這個脈絡下，課程是一種服務產品，學生則是接受服務的顧客。我的任務？洞察顧客體驗，設計符合顧客需求與特性的教學服務。這是一個共創價值的過程，學生獲得適性的課程規畫與教學風格，我則獲得磨練洞察力與嘗試創新設計的機會。

一、創意形成

我在規畫課程時，至少在初期的階段，通常直接從創意發想與需求分析做起，不會參考別人怎麼做。這種「砍掉重練」式的創意形成方式，對於掙脫既有的框架很有幫助，雖然認知負荷也較重。這不表示我不重視前人的智慧，只能說我還是比較願意先相信自己的智慧。而且如果先參考了，思考就必然被限制住。但當我構想到一個階段以後，還是會參考別人的做法。如果有人的做法很好卻是我沒想到的，我就會很欣賞他，並且試著揣測他是怎麼想出來的。

二、需求分析

我會透過觀察了解學生。搭電梯上下樓時，站到最裡面的角落旁聽前面學生的對話，或是在交誼廳找一個不顯眼的角落待個幾分鐘觀察學生的互動。有機會跟學生談話時，就順便做非正式的訪談。在網路上也一樣，學生在哪裡，我就去哪裡。我會讓學生知道、習慣並信任我的存在，但我只和學生維持最低限度的互動。畢竟我的目的是藉由不干擾的觀察來了解他們，而不是交友。

學生對任何一門課的體驗，都是他們以過去經驗對當下感受的詮釋，因此他們先前的上課經驗也是必須了解的。經常閱讀學生在網路上的抱怨，就會有大致的了解。此外，光是了解學生特性是不夠的。在觀察過程中，我也會積極尋找課程內容與學生的主修領域、個人興趣、生活經驗、世界知識與未來趨勢的關聯。這樣的了解不僅可以幫助我找到課程設計的方向，更可以用於課程的行銷。

三、服務塑模

在創意形成與需求分析後，就可以開始設計最適合學生的課程內容組合，找出最能喚起學生學習動機的方法，並發現最能增進溝通效能的模式與技巧。很多教學的細節也在這個階段開始規畫，包括文獻與實例的收集，視覺輔助材料呈現方式的實驗與實作，以及各種現場示範的認知演練。

我自己也是課程的一部分，因此設計的不只是課程的內容，也包括我的角色。我會調整個人風格與態度至最適合跟學生分享知識與經驗的狀態。課程進行期間在講台上的我，與平時的我是完全不一樣的，因為前者必須扮演非常特定的角色。你可以這樣理解：從開學第一天站上講台那一刻開始，我做的就是一場為了對聽眾產生最大影響精心策畫的演出。

四、服務實作

由於教學工作繁忙，很難把服務實作的階段獨立出來。但我會利用每一次站上講台的機會，不論是演講或教學，嘗試實作前一階段開發出來的模型。因為是真實的教學與演講，所以會保守一點。大部分時間以確定有效的舊方法為主，但中間保留某些時間安插一些新方法的實作。

這個做法的好處是可以立即做服務驗證。若新的方法有效，就繼續使用。若效果不如預期，就修改後再試一次。以我還算密集的講課與演講頻率來操作，即使每次只做一小部分，累積進度的速度還是夠快。

五、服務上市

學期開始，課程展開。學生與服務開始有了第一次的接觸，對服務提供者來說真正的挑戰才要開始。許多操作是非常細微的，例如剛開學時學生對課程的態度往往趨於中性，他們也想確定自己是不是喜歡這門課。如果老師點名，當他們在心裡問自己為何在這裡，就很容易作外在歸因，認為是因為要點名而非興趣。如果不給任何限制，當他們問自己同樣的問題，他們就較有可能作內在歸因，認為是因為有興趣才來聽課。這就是為什麼我從來不點名。

不點名，你也才有機會檢驗課程的競爭力。如果你的課程與教學夠好，學生就算有共筆（共同筆記簡稱）還是會來聽課。曾有學生給我這個有趣的比喻：來聽課就像看演唱會，跟在家裡聽錄音或讀同學抄的歌詞的感覺是不一樣的。你要相信學生的判斷力。如果你為他們創造了足夠的價值，讓他們覺得蹺課去做的事的價值都不如聽課，他們就會來上課。

有一點很殘酷。對教學服務的顧客來說，教師是服務接觸過程中的關鍵人物。學生要看著你在台上表演一學期，如果你沒有一點個人風格，在台上會很苦，台下看戲的會更苦。基本上，你要有讓人欣賞的個人特質，但不要刻意討好學生；你要有強烈的自信，但不要過於自負；你要能掌握群眾心理，但不要算計太多。如果你什麼風格都沒有，那你只是一個乾澀的教書匠。

六、服務驗證

觀察不限於開課前，課程進行中也會持續進行。課程中的觀察不僅是課前觀察的延續，也是服務驗證的工具。我會仔細注意學生在互動過程的反應，特別是他們的眼神、表情與肢體語言。通常這些訊息就足以透露他們的感興趣與理解程度，而這可以幫助我評估我設計的某一段內容與呈現方式是否達到效果。我的洞察力讓我很少需要直接「問」學生體驗，但如果有需要還是會私下訪談。

七、服務行銷

行銷也很重要。學生的學習動機普遍不強，你不能期待每位學生都能自己想出課程的價值。你必須比較積極地說服他們課程是有價值的，而這個價值通常是相對於他們的主修領域、個人興趣、生活經驗、世界知識與未來趨勢。我強調課程價值的方法很像在有線電視購物台賣東西，但手法當然細緻許多。

從行銷的角度，第一週的課程可能是全學期最重要的。那是一個風格展示的機會，不管你有什麼本事都要充分展現出來。這有點像是在賣場提供顧客試吃，顧客如果覺得好吃就會整包買回去。第一週的課夠吸引人，學生下週還會回來。每次都這麼吸引人，他們每週都會回來。如果連續幾週都很無聊，學生就會離開。而學生一旦離開，就再也不會回來了。

最後，別忘了行銷自己。把自己當個人品牌，試著讓學生了解你，建立對你的認同。但是請記住，「不要」跟學生過於親近，「不要」跟學生打成一片。你當然不應該有權威的高度，但必須保持專業的距離。李安曾經建議成名後的章子怡只演電影，不要演電視影集，就是這個道理。身為專業的服務提供者，你需要的是專業的洞察力與互動能力，不是聊天打屁的能力。

像機械一樣精準

台灣人太在意別人怎麼做，不敢跟別人不一樣。到最後，反而失去了遵守基本原則的能力，也把社會搞得一片混亂。

將近二十年前我在美國伊利諾大學念博士班時，修過一門資訊系高年級與研究所合開的課，Gerald DeJong教授的人工智慧。我的主修並非資訊，修這門課感受到很大的壓力。一九九六年起連續兩年選修這門課，都撐不到一個月就退選了。這經驗讓我下定決心要克服阻礙，第三年選修前就先把資料結構與演算法修完，還去修了軟體工程。後來果然順利修完一個學期的人工智慧。除了知識，那年的課還讓我學到兩件事：時間觀念與教學技巧。

DeJong有個習慣對我有很大的影響，那就是準時。他總是提早來到教室做準備，等教室牆上的時鐘顯示時間到了，就立即開始講課。下課時間到了，他也能立即停止講課。開始或停止講課，就像機械一樣精準。受到這段經驗的影響，我現在都會隨身攜帶一個小時鐘。在大學裡的課程必定提早十分鐘進教室，把時鐘放在視線可及之處，再把電腦、投影機設置妥當。上課時間一到，就開始講課。下課三分鐘前就開始準備收尾，然後一定準時下課。

我到各地演講，只要行程不是特別趕，一定提早至少一小時抵達。前二十分鐘觀察演講機構的實體與社會環境，後四十分鐘觀察提早到現場的聽眾並找機會交談。這一小時的勘查與訪談得到的訊息，對於臨時微調演講內容很有幫助。正因為有太多觀察的經驗，對台灣的遲到文化感觸特別深。我很少有可以準時開始的演講，不是我不準時，而是因為時間到了聽眾還沒有完全入場。如果我想準時開始，當然可以。但因為是被邀請的，客隨主便，通常還是會等一下。

我總覺得台灣人的小聰明太多。小聰明，就像「因為大家都會遲到，所以自己也要遲到，免得自己準時還得浪費時間等待」這樣的想法。台灣人太在意別人怎麼做，不敢跟別人不一樣。到最後，反而失去了遵守基本原則的能力，也把社會搞得一片混亂。個人的小聰明帶來社會的混亂，更大的混亂又要更多的小聰明來應付。

再談教學技巧。DeJong是比較老派的教授。當時很多教授已經都開始用電腦與投影機呈現教材，他還是用透明片。不僅如此，他的透明片還是手寫的。上課時邊講邊寫，也許再加上畫圖示範。下課交給助教送去影印裝訂，就成了我們手上的講義。他講課非常清楚，就連我這個非資訊主修的學生，也很少有「聽不懂」的感覺。拿到講義對照教科書複習，也很輕鬆。直到今天，我都還留著當年的上課講義，以及我自己上課時做的筆記。

當年修的另一門課，教授的風格也很類似。他也是用透明片，也是手寫。只不過不是現場寫，而是事先寫好的。他不是老到不會用電腦；他的研究做了很多的電腦模擬。只用手寫的透明片，這位教授同樣也能把複雜的概念講得很清楚。有一兩次課堂報告我也嘗試使用事先準備好的手寫透明片，回想起來還真的是很有趣的經驗。

無論製作方式是手寫或打字，我一直很懷念那個透明片的年代。以在簡報現場操弄投影片的自由度來看，簡報軟體其實是不如傳統投影片的。這幾年大家受簡報軟體制約以後，可能都忘了那曾有過的自由度。

直到今天，我都還保留了我在一九八八到二〇〇二年，這長達十四年的透明片時期用過的大部分的透明片或原始的紙張原稿。當然，我不再用透明片了。但這些透明片是一種很好的提取線索，幫助我回憶過去的經驗。我總是提醒自己，不要流於形式。使用各種多媒體設備的目的，是為了幫助溝通。如果無助於溝通，就算大家都用，自己也不要用。

大學教授與汽車業務員

課程之於教授，就像汽車之於業務員。對學生展現出「上課時間想做別的事就去做，但你評估以後，一定會覺得來上課最有價值」的自信。

許多大學教授常常感嘆，不知該如何面對現在的大學生。時代在變，在不同時代成長的學生當然也會跟著改變。大學教授與其以不變應萬變，不如轉換心態，化被動為主動。一個很有幫助的心態是：「教學是一種服務」。很多保守一點的老教授聽到「服務」這個詞，可能馬上產生許多負面聯想，例如卑躬屈膝、低聲下氣。事實上，如果你「不想」卑躬屈膝、低聲下氣，就必須有服務的心態。服務，讓你化被動為主動。

想一下汽車業務員每天要面對哪些人吧！走進某個廠牌汽車展示間的人，一定只有極少數人的心中的確已有購買這個廠牌特定車型的打算。有一些人雖有購車打算，但對這個廠牌或特定車型並無特別偏好。另外有一些人或許其實不喜歡這個廠牌或特定車型，但因為家人喜歡，不得不來看看。還有一些人想買車但不急，而且不見得對這個廠牌或特定車型有偏好，只是剛好路過，就順便進來看看。

不管走進展示間的人心態如何，汽車業務員的目標都一樣：改變他們的心理狀態。業務員要試著了解他們的心理，然後基於那樣的了解說服他們展示間裡某輛車符合他們的需求，最後說服他們現在購車是適當的決定。這並不是一件容易的事，我遇到的業務員並不是每一位都做得很好。但的確有幾位很厲害的業務員，讓我印象非常深刻。

最好的業務員不會讓你覺得他們在試著說服你或推銷產品給你。他們會讓你覺得他們在幫助你了解你自己的需求，了解他們的產品，以及了解你的需求與產品之間的關係。就算你決定不買，他們也不會批評你。他們要製造一個良好的氣氛，讓還沒有做決定的你願意再來看車，或是讓決定不買的你願意推薦想買車的親友來找他們。總之，最好的業務員經常展現出「你多看幾家沒關係，最後一定會回來」的自信，讓你覺得所有的決定都是你自己依照自己的習慣做的，而不會感受到絲毫的勉強與不自在。

大學教授也是一樣，是各種知識領域的業務員。你站在講台上，台下的學生只有極少數是有強烈的學習動機的。有一些學生雖然有學習動機，但對這門課未必有動機。另外有一些人或許其實並不喜歡這門課，但因為朋友要修或原本就是必修課，而不得不修。還有一些人原本未必想修，而且不見得喜歡這門課，但因為學分不夠，只有這門課的名額還沒滿，就來修了。

不管台下的學生心態如何，大學教授的目標都一樣：改變學生的心理狀態，讓學生在學期結束離開教室後，和學期初第一次走進教室時相比，在知識上能有所成長，在態度上能有所改變，在觀點上也能有所啟發。要能夠有效達到這個目標，你就必須了解學生的心理，並基於那樣的了解說服他們這門課符合他們的需求，最後說服他們經常出席並主動學習是適當的決定。

課程之於教授，就像汽車之於業務員。教授不能一廂情願地用自己的立場來試圖說服學生或推銷課程，那只會招致反效果。你應該發揮高度的同理心，讓學生相信你是了解他們的。你要讓學生相信，你願意幫助他們了解自己的需求，了解課程的內容，以及了解他們的需求與課程內容的關係。你要維持高品質的課程與良好的氣氛，對學生展現出「上課時間想做別的事就去做，但你評估以後，一定會覺得來上課最有價值」的自信。你要讓學生覺得來上課是自己的決定，而不會感受到絲毫的勉強與不自在。

「教學是一種服務」的心態，與教育理念並不衝突，也不會影響教學目標。事實上，這樣的心態更能夠讓你化被動為主動，更順利地實踐理念以達到目標。只要你放下你的身分，放低你的身段，用對等的心去同理學生，「教學是一種服務」實踐起來並不困難。如果你很有興趣但不確定該如何做，找個時間跟你的汽車業務員聊一聊吧！

同學，有沒有問題？

一位不信任學生的教授，教學表現一定會受到影響。一位不信任教授的學生，也會因為內心的抗拒而影響學習表現。

如果你走進台灣的任何一所大學，問任何一位教授對現在的大學生的看法，他一定可以隨口說出至少十項讓他頭痛的學生特質。如果你再問任何一位學生對現在的大學教授的看法，他一定也可以隨口說出至少十項讓他不舒服的教授特質。

在台灣，不知道從什麼時候開始的，不論是大學教授對學生或是大學生對大學教授，都不再有足夠的信任。或許，校園師生關係只是忠實反映了台灣的社會變遷，因為台灣社會的人與人之間，真的變得不容易互相信任起來了。

欠缺互信的社會，可以藉由制度讓它維持最低限度的運轉而不致崩潰。欠缺互信的大學課堂裡的教學與學習品質，卻不是制度可以維持的。大學教授與學生的自主性都很高，制度的力量是非常有限的。一位不信任學生的教授，教學表現一定會受到影響。一位不信任教授的學生，也會因為內心的抗拒而影響學習表現。如此惡性循環，教學與學習品質如何提升？如果師生間不能建立互信，就算花再多錢投資軟硬體設備或建立各種制度，都無法真正有效提升教學與學習品質。

教授既是一門課的靈魂人物，自然就得擔負起建立師生互信的重責大任。建立互信的第一步，一定得由教授來走。幸運的是，台灣的學生還是很善良的。我的經驗是，只要你願意先解除武裝，給學生最大的信任與自由度，並用你的誠意讓他們知道，你相信他們不論在教室內外都會主動學習，也相信他們除非有特別重要的事否則都會來上課，你將會發現，你的學生也會給你同樣程度的信任。

建立互信需要耐心與時間，並不是第一堂課說說就可以了。畢竟，學生不會立即相信你說的話。你需要利用連續幾週的課程，向學生證實你是言行一致的。你要讓學生知道，你不會明明說了不點名可是看到出席率低又罵人。你更要以實際的表現讓學生知道，你是真的想要來和他們分享知識與經驗的。你要用心備課，更要準時，甚至提早進教室。你也要經常提醒自己，你不是去念投影片的，而是去跟學生說話的。你要讓學生覺得，聽你講課是一件既快樂又有意義的事。

學生都是敏感的，你的用心他們一定感受得到。學生也都是善良的，他們感受到你的用心，就會盡量做到你對他們的期待。你不需要耳提面命，他們就會主動學習。你不需要點名，他們就會經常來上課。你不需要問「有沒有問題」，他們自然就會來找你討論問題，聊到午餐時間都過了你們還想繼續聊下去。

最近幾年，許多學校都設立教師成長中心，教育部更制定了獎勵大學教學卓越計畫，目的都是為了尋找提升大學教學品質的方法。我們應該時時提醒自己，如果師生互不信任，很多原本可以改進教學品質的方法就會事倍功半。唯有建立師生互信，這些改進教學品質的方法才能夠真正產生正面的效果。

別躲在老師的權威後面

批評通常都是真實的，就算是有人把你的小問題放大來批評，那還是真實的，而且你要感謝他幫你注意到小細節。

十多年前返回台灣任教之初，完全沒有教學經驗。我從小不善言詞，更特別害怕在眾人面前講話。念研究所期間又沒有擔任過助教，站上講台講課，對我來說是件極為困難的事。一直到今天，我每次講課，不論是在大學裡的課程或企業的教育訓練，都會緊張。

當年因為自己沒有太多教學經驗，所以我特別注意觀察別的老師的表現，希望從中學習。我從許多老師身上學到無價的教學技巧，同時卻也得到一個印象：

許多老師在表達上仍有相當的改進空間。我注意到許多老師在表達上的問題一直沒有改善；有些是我根據十多年前聽同一位老師講課的經驗比較，有些則是根據連續幾年的觀察及老師的年資來推估。我觀察到的問題，絕大多數又是很容易可以修正的。

我有時會想，為什麼會這樣？個人以為，最可能的原因，就是大學教授很不容易聽到真話。在學校裡，因為權力不對等，分數掌握在老師手上，學生原本就不太敢直接批評老師。在老師背後把老師罵得死去活來，見到老師的面就說老師教學好做人好什麼都好。

大學教授出了校園更不得了，我看過有人在外面演講嗯嗯啊啊結結巴巴索然無味講到台下都睡著，人家還是說「感謝教授精闢的演講」。不想講也沒關係，我也看過有人開場講個半小時就不講了，之後就要聽眾你來我往發表意見一個小時，最後再來做十分鐘的總結，人家還是照樣「感謝教授的指導」（我跑去聽演講原意也是要偷學幾步，觀察到這些現象倒是額外的收穫）。

大學教授這個工作太容易聽到場面話、客套話，卻很難聽到真話。久了，很容易覺得自己真的有別人說的那麼好，卻不容易接受批評。這就是為什麼我在大學任教時期，別人對我的讚美言詞我都是聽過就算，但批評的話我一定當一回事來處理。在我眼裡批評等於真話：批評通常都是真實的，就算是有人把你的小問題放大來批評，那還是真實的，而且你要感謝他幫你注意到小細節。

現在的孩子們其實很單純，你對他們好，他們會感受到的。彼此接納，很多事情就會變得很好談。不過，他們吃軟不吃硬，不喜歡聽你講一些大道理，不喜歡被說教，不喜歡被指責，更不喜歡老師擺架子，最不喜歡老師拿點名或成績來威脅學生出席。他們也非常聰明，這些大道理你不講他們也早就懂得了，他們也早就知道你是老師了，所以你講再多，或是強調你有權如何如何，只是徒增他們的反感。

你也不要以為躲在老師的身分和權威後面，學生就看不透你。錯了！現在的孩子聰明、敏感得很呢！只要聽你講一次課，甚至沒聽你講課只是看你當主負責老師，哪位老師混，哪位老師備課不用心，哪位老師只是想講完走人，哪位老師態度不好，哪位老師情緒表達很奇怪，他們都看得出來的。這有點像國王的新衣，他們只是不講而已，不表示你在他們眼中真的像你自己想的那樣了不起。

有時，我看到某些老師的問題數年甚至數十年如一日，總不禁讓我懷疑，大家是不是一直覺得自己都不會有錯，不斷地抱怨學生，而始終沒有誠實地面對自己做得不夠好的地方，放下身段傾聽學生的聲音，並試著讓自己成長，讓自己的表現更好？

引用樹德科技大學人類性學研究所楊幸真副教授，在二〇〇四年二月出刊的第二十六期《兩性平等教育季刊》中說過的一段話，作為這段感想的結尾：「面對這群永遠的十八歲，我們若不進入他們的世界，認可他們此時此刻的需要與生命經驗，我們用來召喚意識覺醒所能夠舉的例子、所能夠用的例子的保存期限或有效期限又能撐多久呢？」

PART 8

熟悉重於陌生，獻給我們的下一代

我會想念你們

——給高醫心理系二〇〇五年畢業生的臨別贈言

青春，並不是生命中的一段時間，而是一種心境，一種充滿活力的心境，一種理想主義的心境，一種仍然享有浪漫情懷的心境。

四年前的九月，各位同學成為本系的新鮮人。而我則是在同一年的八月底回到母系擔任教職，只比各位早了兩個星期。在我的心中，我一直不覺得我是各位的老師。對我來說，各位就像是我的同學和朋友一樣。所以，既然四年前和各位一齊來到此地，在今天這樣的場合，我一直覺得我也應該跟各位一齊畢業。

我很擔心今天站上台的時候，以為自己是畢業生代表來致答詞，然後就「光陰似箭，歲月如梭，鳳凰花開，驪歌輕唱，諸如此類」的講了起來，所以準備了講稿，以免不小心講錯話。

站在這裡和相處了四年的朋友道別，對我來說，是很困難的事。

我還記得大一普通心理學的口頭報告。有人唱了周杰倫的〈爸我回來了〉，也有人為了我的批評和我大吵一架。我還記得跟大家一齊走到星巴克喝咖啡。我還記得你們修認知心理學的時候，交給我的三百多篇報告。我也還記得那晚在同學家的頂樓，跟大家喝酒喝到天快亮才回家。我當然更不會忘記，上星期謝師宴結束後，和將近二十位同學在國賓飯店樓下喝啤酒。我看到當年的小女生都長大了，當年跟我吵架的小男生也變得更穩重。當年在課堂報告唱歌的人，酒量好像有進步，只是不曉得現在有沒有比較會唱歌。

大學四年，是人生之中最後一個能交到真心朋友的階段。畢業以後，出了社會，認識的人多半都是因為工作認識的，多少都有利害關係，很難建立單純的友誼。我知道在班上這麼多同學之中，一定有你喜歡的人，也有你討厭的人。我要你現在在心裡認真的想一下你最討厭的同學，然後，請相信我：十年之後的某一天，如果你在街上遇見十年不見的他，你一定會興奮地拉住他，想要和他聊當年的大學生活，聊個三天三夜。同窗四年建立起來的情誼比你們想像的更珍貴，請一定要珍惜。

大學畢業之後，你們就要開始為自己的人生衝刺了。你的生活重心，會逐漸從同學與家人的身上，轉移到自己的工作與事業上。無憂無慮的大學生活結束了，以後，你會經常處於壓力之中，也會經常遇到挫折。當你覺得傷心、覺得無助的時候，請記得，你的父母、你的家人，永遠都是支持你的。以後，不管你們的工作有多忙，事業有多大，都不要忘了保留一些時間給你最親愛的家人，和他們分享你的想法，但不要再像小孩子一樣，把父母親當成發洩情緒的對象。別忘了，父母不會永遠年輕，就像你我不會永遠年輕一樣。試著不要再像小孩子一樣那麼常傷他們的心，他們總有一天會受不了的。

人生之中，感情的事大概是不確定性最高的。如果你現在身邊已經有一份值得珍惜的感情，請你盡最大的努力去維護它。如果還沒有，也請不要放棄希望。當緣分降臨的那一天，你會知道的。我也想提醒各位，愛情是狂野的，因為它沒有任何規則可循。然而愛情也是理智的，因為你要有高度的智慧，才能面對伴隨愛情而來的不確定性、傷心，或是失去。愛情需要信念，才能通過時間的考驗。愛情更需要勇氣，才能讓你走出失戀的幽谷。不要害怕愛人與被愛，但也不要試著去預測或控制愛情。以理性尊重愛情的野性，以信念與勇氣克服愛情的不確定性，相信每個人都能找到心目中理想的另一半。

上星期跟大家喝酒的時候，我說，我總覺得我像是一顆二十五歲的心住在三十六歲的身體裡。旁邊的某位同學更厲害，她說她的內心是一個十一歲的女生。這些當然是半開玩笑的話，但也不是沒有意義。我想告訴各位，青春，並不是生命中的一段時間，而是一種心境，一種充滿活力的心境，一種理想主義的心境，一種仍然享有浪漫情懷的心境。大學畢業或許是純真年代的結束，但只要大家願意，你永遠都能保有一顆單純與年輕的心。

我要感謝各位同學，因為四年來與你們在課堂上與生活中的互動，讓我成長許多。我從四年前一個全無教學與演講經驗的菜鳥，到今天不論在校內教學或在校外演講，都能非常樂在其中，這都是你們的功勞。我還要感謝各位同學，因為我從和你們的互動中，逐漸了解現在台灣學生的特性，讓我每一年都比前一年更清楚如何與學生互動。我要感謝你們，沒有你們，我就沒有今天的成長。

最後，我要跟我的朋友，也就是各位畢業生說，我會想念你們，像想念最好的朋友一樣。我也要祝福在場的每一位同學，以及同學們的親友，在你們生命中的每一天，都能健康、平安、快樂。

不再陌生

——給高醫心理系二〇〇六年畢業生的臨別贈言

走過四年歲月中情緒的起起伏伏，我們都見證了彼此的成長。你們成為更有見識、更穩重的成年人，而我則成為更有耐性、更溫和的老師。

你們入學那年，是我在此地任教的第二年。從你們普通心理學課程的第一天開始，我就知道這會是一段不平凡的關係。當年的課程設計是有期末報告的，要你們用在課程中學到的知識來解釋一個自己觀察或經歷到的現象。我記得在第一次上課介紹這個作業之後，就有同學舉手問「可不可以寫讀書心得」。因為我已經再三強調過這個報告「不是讀書心得」，所以我就直接回了一句「不行」！

那天下課的時候，就有同學跑來找我說：「老大，您不能那樣直接地回答，會傷到學生的！」這件事讓我印象深刻，因為我那時對學生的確沒什麼耐性。你們幫我注意到這個問題，我是很感激的。不過那一年我沒有做太大的改變，後來普心課出席率也不是非常高。那一年課程結束後，我一直為了沒有辦法吸引同學回到教室感到十分自責。原本我覺得自己能力不足，想把普心課交給別的老師，不想再誤人子弟。後來同事苦勸，加上我也想做些改變再試一次，就答應再帶了兩年的普心。不過只負責上學期，下學期的課由另一位老師負責。

帶你們下一屆普心的那學期，我決定根據前一年的經驗徹底做一些改變。那年重修普心的同學，就來跟我說覺得我對學弟妹比較好。其實，如果不是前一年你們用各種方式給我回饋，我就不會知道該做些什麼改變。是你們教我成為一位好老師。這是一生之中難得的經驗，我會永遠感激。

你們這一屆沒有我的導生，所以正課以外的時間，就沒什麼交流的機會。昨天喝酒的時候，我鼓起勇氣問旁邊的同學：「你們是不是很討厭我？」他們說：

「不會啊，只是有點陌生。」

「陌生」可能是我們的共同感覺：這幾年，你們覺得我陌生，我覺得你們陌生。

大一普心課程結束的一年半以後，你們大三下學期認知心理學第一天上課前，我感到特別焦慮。前一天晚上，我真的睡不著。我一直在想：你們印象中的我還是當年的我嗎？你們會不會因為過去普心課的印象，而不喜歡來上課？你們會不會覺得我不喜歡你們？後來同學們的出席率和上課的氣氛都不錯，也終於讓我放下了心中的一顆大石頭。

最近的這一年，有一些同學繼續選修「心理學與電影」與「閱讀心理學」兩門課。我有機會與同學們有更多的互動，也終於不再覺得那麼陌生。但是，正當我覺得逐漸重新找回跟你們的關係的時候，你們就要離開了。這對我在情感上來說，又是另一次的衝擊。

我現在站在台上，心情很像是暗戀同班同學四年都不敢說出口，直到暗戀的對象要畢業離開了，才終於鼓起勇氣表白。累積了四年的話，一下子想全說出來，又不知從何說起。我很想讓你們知道，如果時光可以倒流，我會換一種方式來帶普心，讓我們有更好的開始。

如果我跟你們前一屆學生的關係像友情，跟你們下一屆學生的關係像親情，那麼，跟你們的關係，就像愛情。那種因誤解而相識，因了解而分離的愛情。

我想到席慕蓉的一首詩，〈無怨的青春〉。詩是這樣寫的：

「在年輕的時候，如果你愛上了一個人，請你一定要溫柔地對待他。不管你們相愛的時間有多長或多短，若你們能始終溫柔地相待，那麼，所有的時刻都將是一種無瑕的美麗。若不得不分離，也要好好地說聲再見，也要在心裡存著感激，感謝他給了你一份記憶。長大了以後，你才會知道，在驀然回首的剎那，沒有怨恨的青春才會了無遺憾，如山岡上那輪靜靜的滿月。」

在我們一齊共度的四年歲月中，我們並不是每一天都很快樂。至少對我來說，普心課不可避免的期末報告吵架總會讓我難過一陣，同學們上課出席率不高也會讓我當天晚上睡不著覺。

但是，走過四年歲月中情緒的起起伏伏，我們都見證了彼此的成長。你們成為更有見識、更穩重的成年人，而我則成為更有耐性、更溫和的老師。在你們畢業典禮這天，我要你們知道，我非常高興看到你們的改變。我更想讓你們知道，我會永遠感激並且珍惜你們帶給我的影響與美好回憶。

六〇年代的鄉村歌手Judy Collins有一首歌，〈雙翼下的風〉（Wind Beneath My Wings）。其中有一段歌詞是這麼說的：

「我可以飛得比老鷹更高，因為你是我雙翼下的風。」

我們終於不再陌生，但我們也終於必須分離。過去的四年，因為你們，我飛得更高、更遠。今天，你們即將振翅高飛。我希望過去四年間在課堂上或生活中帶給你們的，也能夠轉化為你們雙翼下的風，讓你們飛得比我更高、更遠。

六月的心情

——給高醫心理系二〇〇七年畢業生的臨別贈言

在前天晚上的謝師宴上，我並沒有吃得太多。不是菜不好，我只是想把用餐的時間省下來，跟你們說說話。

二〇〇三年九月十五日上午，我在第一教學大樓B116教室第一次見到你們。我坐在教室最後一排，靜靜地看著每一個人上台自我介紹。那是我對你們最早的記憶。回想起來，總覺得那是昨天的事，而不是一千三百六十三天前的事。

過去這幾天，我跟你們一樣，心情是很矛盾的。我非常期盼今天的到來，因為你們即將進入一個全新的人生階段。但我又非常害怕這一天的到來，因為四年朝夕相處的生活即將結束。

在前天晚上的謝師宴上，我並沒有吃得太多。不是菜不好，我只是想把用餐的時間省下來，跟你們說說話。我發現，你們都變得更成熟穩重了，卻也沒有因為年歲的增長而失去真誠、理想與活力。這讓我非常感動。

在謝師宴之後的謝生宴上，我也沒有喝得太多。不是酒不好，我只是想把喝酒的時間省下來，用心感受這場有點像是超大型導生聚的熱鬧氣氛。那天晚上，我其實是捨不得走的，很想一直留在你們身邊。可是因為隔天一大早要上課，所以不得不先回家休息。

今天，我站在這裡，其實只想這樣靜靜地看著你們。我多麼希望時間可以暫時停止，讓我可以在你們離開前，再多看你們一眼。

我們的關係是很獨特的。我跟你們之前的學生沒有這麼熟悉，跟你們之後的學生大概也不會這麼親近。在我心中，你們不像學生，反而比較像是我的同學、朋友與家人。這樣特別的師生關係，一生只會有一次。我覺得我很幸運，在人生中的這段時間有緣與你們相遇。

你們入學之前，我已在本系任教兩年。那兩年我總覺得教學工作不是很順利，跟學生的互動也很有限。累積了兩年的經驗，到你們入學那年，我就下定決心要改變自己。我決心試著了解學生的心理，也決心試著讓自己變成更溫和的人。

四年來，你們總是願意跟我分享你們的想法，讓我能夠很容易了解你們。你們總是對我非常信任，願意跟著我做一些新的嘗試。你們總是對我非常接納，讓我覺得跟你們在一起的時候很有安全感。因為你們的引導，我變成一個比較溫和的人，不再像從前那樣難以親近。當然，我知道還是有學生覺得有點怕我，所以我還是會繼續努力。

一九八一年，當時還在教書的民歌手施孝榮為他的學生寫了一首〈七月的心情〉。這首歌我從小聽到大，但直到今天我才真正能體會那種心情。歌詞是這樣說的：

「又到了鳳凰花開、蟬聲綿綿的時候，又到了驪歌輕唱、揮別說再見的時候。一千多個日子已悄悄的滑過，四季輪迴依舊。看著你纖弱的背影漸漸消失在人群中，我心底掠過一陣難以言喻的隱痛。今後的日子我不在你左右，未來的路要自己去走。莫回頭，別停留。將關懷和祝福藏在你的心中，願你能擁有自己的夢。」

今天，我終於必須跟你們道別了。過去一千多個日子，我們一起經歷過的，將會成為我最珍貴的回憶。謝謝你們帶給我這麼豐富的人生經驗，也謝謝你們讓我有機會陪著你們一起成長。

今天過後，你們即將開始走出自己的路，繼續實踐自己的理想。未來的日子，不會像大學生活一樣無憂無慮，但是我希望你們大部分的時候都能找到讓自己快樂的方法。如果不知道怎麼辦，回來找我看電影好了。

在實踐理想的同時，別忘了你們的父母。他們不會永遠年輕，就像你我不會永遠年輕一樣。你們既然已經大學畢業了，就不要再像小孩子一樣那麼常傷他們的心。我必須承認，我自己也不是做得很好。但正因為如此，我才覺得更應該提醒你們。

同學之間一定要保持聯絡。大學四年是人生之中最後一個能交到真心朋友的階段，畢業以後因為工作關係認識的人很難建立單純的友誼。同窗四年建立起來的情誼，比你們想像的更珍貴。請一定要好好珍惜。

我已經開始想念你們了，而且會一直想念下去。祝福你們，你們每一位都是我的驕傲。

友誼、年輕與青春

——給高醫心理系二〇〇八年畢業生的臨別贈言

保持青春的心境並不容易，因為大部分人的青春會隨著年輕一起流逝。隨著年齡的增長，人們變得愈來愈像「那個年紀的人的樣子」，失去了意志、理想與活力。

今天對你們來說是一個重要的日子，對我來說也是。一九八八年的九月，我成為這所學校的新鮮人。一九九二年的六月，我從這所學校畢業。過去這幾天，我一直在反省自己過去十六年的人生。如果我能回到十六年前，我會想要跟二十三歲的自己說三件事：友誼、年輕與青春。而這些話也正是我想跟你們說的。

友誼

大學校園是一個很單純的環境。在這樣的環境裡，你可以很單純地喜歡一個人，也可以很單純地討厭一個人。你可以直接表現對別人的喜歡或討厭，也可以直接回應來自別人的喜歡或討厭。不論喜歡或討厭，在這樣的環境中用四年時間建立的友誼，都是很純淨的。

這樣的純真年代，一生只有一次。畢業以後，你會進入職場。工作環境的人與人之間是有利害關係的，每一個人都會開始對別人有所保留。你不會再遇到像大學校園一樣的單純環境。畢業以後，你也會成家立業。工作以外的時間，就是家庭時間。你不可能再有四年的時間跟家人以外的人朝夕相處建立友誼。

讓我換個方式說。假定你和大學死黨的距離，是自己的手指間的距離。你和班上最討厭的人的距離，或許是向兩旁伸直雙臂後左手指尖和右手指尖的距離。畢業後的十六年間認識的同事與朋友之中跟你關係最好的，在哪裡呢？告訴各位，還在校門口。畢業之後你才會發現，你跟你最討厭的同學，關係竟然如此親密。

年輕

大學四年幾乎可以說是「年輕」的操作型定義了。進入大學之前，我們都還是受父母親監控的青少年。進入大學之後，我們開始以成年人的身分探索這個世界，開始擁有之前未曾擁有過的自由度。我們開始嘗試各種以前不能做、不敢做，或沒想到要做的事，我們開始嘗試掌控自己的人生。

這些嘗試的過程帶給我們許多歡笑，但也同時帶給我們許多淚水。有時候，我們不明白自己的堅持為何不被肯定，不明白自己的理想為何與現實差距這麼大，不明白自己的熱情為何換來冷漠。有時候，我們不小心受了傷。有更多的時候，我們無意間傷了人。儘管如此，年輕的我們還是願意嘗試。因為年輕歲月中的每一次歡笑都帶來力量，每一次淚水都帶來啟發。

有時候，我們不喜歡以前的自己。我念大學時覺得高中時期的自己很蠢，念研究所時覺得大學時期的自己很蠢，回到本系任教後覺得研究所時期的自己很蠢，最近幾年又覺得剛回來的前幾年很蠢。但是換個角度想，我們之所以能夠持續成長，正是前一階段的自己做了現在的自己覺得很愚蠢的事換來的。畢業後，你一定會變得更成熟，但請不要忘了這段年輕的歲月。

青春

美國當代最偉大的建築師法蘭克．洛伊．萊特（Frank Lloyd Wright）曾經說過：「年輕只是生命中偶然的一段時間，青春卻是一種永恆的心境」（While being young is an accident of time, youth is a permanent state of mind.）。各位的年紀只會逐漸增加，十六年以後會來到我現在的年紀，二十六年以後會來到系主任現在的年紀。畢業後你就會發現，時間過得比你想像的快，年紀愈大過得愈快。

年輕的歲月流逝了就不會再回來，但是青春是一種永恆的心境。青春的心境是堅韌的意志，永遠不要把是非對錯的判斷交給別人，也永遠不要輕易與現實妥協。青春的心境是崇高的理想，永遠不要像機器一樣每天做一些不知為何而做的事，也永遠不要放棄尋求實踐理想的機會。青春的心境是充沛的活力，永遠不要失去認真生活的熱情，也永遠不要失去探索世界的好奇心。

保持青春的心境並不容易，因為大部分人的青春會隨著年輕一起流逝。隨著年齡的增長，人們變得愈來愈像「那個年紀的人的樣子」，失去了意志、理想與活力。我不想看到你們以後也變成那個樣子。

期許

你們畢業了，不久後就要離開學校。請你一定要珍惜與每一位同學的友誼，這麼親密的朋友以後不會再有了。請你一定要妥善保存四年大學生活充滿歡笑與淚水的記憶，那是年輕歲月的見證和持續成長的里程碑。請你一定要永遠保持青春的心境，唯有如此才有機會活出自我。這是我對自己的提醒，也是我對各位的期許。

記住自己現在的樣子

——給高醫心理系二〇〇九年畢業生的臨別贈言

如果你只顧著適應社會而忘了自己現在的樣子，幾年以後你就會變得跟大部分的人一樣，變成一個自己也認不得的人。

每年都有學生畢業，但是今年我的感覺特別不一樣。在兩天前的謝師宴上，多半的時間我都坐在最後面的角落，靜靜地看著你們，試著弄清楚自己的感覺。我發現，我還沒有準備好要跟你們道別。

在你們入學之前，我連續帶了四年的大一普通心理學。當年我從學生入學的第一天就認識他們，之後一直看著他們直到畢業。從你們這一屆開始，我不再帶大一普心。開始有機會在課堂上認識你們的時候，你們已經大三了。

在大三上學期的「心理學與電影」，我們從一開始的陌生逐漸互相了解，到後來終於建立了默契。在大三下學期的「認知心理學」，大家給我很多的信任，讓我覺得很溫暖。最後是大四下學期的「閱讀心理學」，今年調整為「簡報技巧訓練」以後，多了許多分享與互動的機會。大家帶著自己最感興趣的內容來到教室，一整個學期都熱血沸騰。

然後，我突然發現你們就要畢業了。這種感覺就很像原本談戀愛談得好好的，突然間對方就要離開了。我有一點不知所措，也有一點感傷。但是，時間總會繼續。所以我能做的就是多看你們一眼，好好記住你們現在的樣子。

我也想請你們在今天一整天的繁忙行程結束後，在晚上睡覺以前，留一點獨處的時間給自己。這段時間，什麼事也不要做，只要做一件事：真誠的面對自己，好好記住自己現在的樣子。你要跟我、也跟自己保證，不管過了多少年，你都要能在回憶中找到大學剛畢業時的自己。

我看到太多成年人在離開單純的大學、進入複雜的社會後，過沒幾年就變得乾澀、麻木、冷漠、封閉、短視。我不希望看到你們也變成那個樣子。我希望你們不論到了人生的哪一個階段，都仍然能擁有感動人與被感動的能力，愛人與被愛的能力，為他人付出關懷的能力，以及對陌生的事物感到好奇的能力。最重要的是，你還要有能力保有一點理想主義的性格，永遠不要輕易跟現實妥協。

我知道，現在的你們當然都還擁有這些能力。但是，進入社會後你一定會持續被各種挫折與衝擊磨損。如果你只顧著適應社會而忘了自己現在的樣子，幾年以後你就會變得跟大部分的人一樣，變成一個自己也認不得的人。你的記憶中當年大學剛畢業時的樣子，是一種最強的提醒。提醒自己不要忘了自己是誰，更不要失去那些人之所以為人最重要的特質。所以，請務必記住自己現在的樣子。

還有，這個社會注定要帶給我們很多的不快樂。跟它對抗最好的方式，就是想辦法讓自己快樂。只要你還記得自己現在的樣子，你就有辦法在最需要的時候找到讓自己快樂的方法。因為，真正能感受快樂的，是真正的你，是那顆單純的心。

終於要道別了。我想跟你們說：我會想念你們，而且從兩天前就開始想念了。我愛你們，也祝福你們！

改變
——給高醫心理系二〇一〇年畢業生的臨別贈言

明天，你們就要向風裡走去，奮力把自己拋向那充滿未知，卻也充滿期待的未來。也許每個人的方向都不一樣，但我希望每個人都能像過去這四年一樣持續成長，不要害怕改變。

昨天晚上，我在家裡給自己倒了杯烈酒。邊喝邊回想自己十八年前的大學畢業典禮，以及畢業後的日子。我發現，我的回憶中沒有老師。我上大二以後就不覺得老師能教我什麼，而且覺得老師都很無聊。所以，對老師沒有記憶好像也是正常的。

然後我突然想到，今天以後，你們會如何記得我？之前，我從來沒有想過這個問題。所以，你們對我一定有些不一樣的意義。

我試著回想。從三年前你們還是大一的時候在這個場合的青春燦爛，到兩年前你們升大三第一次修我的課的時候的戒慎恐懼，到一年前我們再也不覺得陌生，到最近讓我們又重新認識彼此的密集分享。

過去四年和你們在課堂與生活中、校園與網路上的交流，我全部都記得。

你們知道嗎？我的回憶之中還是沒有老師。在我的回憶之中，我們都是參加同一個營隊的學員，沒有老師與學生分別的一群人。

跟你們相處的這四年，我學到很多。透過你們的視野，我看到更繽紛也更絢麗的世界。透過你們的觀察，我也獲得一個重新認識自己的機會。你們對我的肯定，幫助我看到自己的優點。你們對我的包容，幫助我看到自己的缺點。

因為你們，讓我在過了四十歲之後仍然能夠持續成長，持續調整自己的個性。因為你們，讓我在過了四十歲之後仍然有打不倒的理想與澆不熄的熱情。

如果我是一座山，你們就是一條河。四年前的相遇改變了我們。因為河水的滋養，這座山變得更青翠也更容易親近。因為這座山，你們的方向也改變了。如今，你們即將帶著這座山的一部分奔流入海。我把最好的都給了你們，希望你們全部都帶走。

今天以後，你們會如何記得我？我突然覺得這個問題不再重要。我們都變得跟四年前不一樣了，不是嗎？如果你們的改變有一部分是在我們相處的過程之中發生的，那麼，改變，本身就是一種記憶。就像那座山，就像那條河，就像你們帶給我的改變一樣。

我想跟你們分享曾經陪伴我度過年輕歲月的一首歌，一九八六年李宗盛的〈風櫃來的人〉。這首歌的歌詞說：

從風裡走來，就不想停下腳步。
如果歡笑可以驕傲，我們要它響亮。
向風裡走去，就不能停下腳步。
如果年輕凝成淚水，很快就會吹乾。
青春正是長長的風，來自無垠去向無蹤。
握住生命如同握住一隻球。
對著太陽擲去，綴成一道不經心的彩虹。

四年共同的生活就要結束。明天，你們就要向風裡走去，奮力把自己拋向那充滿未知，卻也充滿期待的未來。也許每個人的方向都不一樣，但我希望每個人都能像過去這四年一樣持續成長，不要害怕改變。當我們再度在陽光下重逢，相信每個人都會是一道最有個性，也最美麗的彩虹。

親愛的朋友，我愛你們，也祝福你們。

永遠不要長大
——給高醫心理系二〇一一年畢業生的臨別贈言

你們要繼續成長，但是永遠不要長大。你們要盡量適應社會，但不要為了適應失去批判與洞察的能力。

最近我一直在回想這幾年跟你們的相處。有一種感覺很特別：不論是講課、討論、聚會或網路上的互動，我都很容易忘記我比你們年長二十歲。在嘗試著了解為什麼的過程中，我突然領悟到這種感覺有多珍貴。

你們在此地的四年，很不幸的並不是我狀況最理想的四年。因為必須應付一些烏煙瘴氣的事情，我常常覺得沒有辦法完全專注地照顧你們，也常常覺得自己不像以前那麼有耐性。甚至有很長一段時間，我無法確定是否還有機會在你們畢業的這一天，在這個場合跟你們說話。

所以我很珍惜這四年。因為你們的體諒、包容與接納，讓我可以用自己原本就有點直接而不那麼委婉、有點機車而不那麼溫和的樣子，在課堂上與生活中跟你們分享觀點、知識與感想。很多時候，也許只是閒聊，我都覺得那樣的互動是溫暖的。或許這就是為什麼你們總是讓我忘了年齡的差距。

我很喜歡你們現在的樣子。有時候你們的確顯得有些不那麼成熟，但你們言談中展露出來的智慧與視野，卻是那些看起來比你們成熟的人不見得擁有的。有時候你們的確顯得有些孩子氣，但你們專注把一件事情做好的認真程度，卻是那些看起來比你們圓滑世故的人不見得做得到的。

我常常覺得四十歲就像是二十歲再來一次。過去四年，我們一起面臨新的人生階段的不確定性，一起審視自我，一起尋找自我認同，也一起感受到有些事現在不做以後就會後悔的焦慮與期待。最近兩個月就有幾位同學跟著我跑了不少地方、做了不少新鮮事，大家都樂在其中。

過去四年或許只是漫長人生中的一小段旅程，但不論對你們或對我都很重要。在這趟四年的旅程中，我試著幫你們找回在中學階段被磨得差不多的好奇心，帶給你們一些探索自我與世界的啟發，以及放火點燃你們追逐夢想與實踐理想的熱情。我很高興我的目標都達到了。

我也要感謝你們在這趟旅程的陪伴。你們對我的影響很大，可能比我對你們的影響還大。你們的天真像一面鏡子，讓我能夠看到真實的自己，你們的接納讓我有力量面對人生中的各種挑戰，你們無私的分享讓我有機會重新認識這個世界。我會珍惜你們帶給我的一切。

最後我想對你們說：你們要繼續成長，但是永遠不要長大。你們要盡量適應社會，但不要為了適應失去批判與洞察的能力。你們要認識現實，但不要為了現實失去視野與夢想。你們要學會必要時妥協，但不要為了妥協失去實踐夢想的勇氣。你們要學會面對挫折，但不要因為挫折失去了感動人與被感動的能力。最重要的是，不要忘了你們現在的樣子。那是你們最真實的自我。

重新出發
——二〇一一年的離職聲明

離開之後必然會有許多的不確定性，但如果所有事情都確定了，活著又有什麼意義。

二〇一一年八月一日，我正式離開了任教多年的大學。這不是容易的決定，卻是如釋重負的決定。此刻，我的身分回歸單純的個人，就像二〇〇〇年的電影《天才接班人》（*Wonder Boys*）裡，麥克道格拉斯飾演的葛迪崔普教授在最後說的：「我失去了我曾經認為重要的一切，但我終於知道該往哪裡去了。」

從這天開始，我的智慧、能力與觀點都成為更開放的資源。

我會有更多的時間協助業界朋友了解使用者經驗並發現潛在需求，也會有更多自由度規畫各類教育訓練課程。過去幾年一直有出版社邀我寫書，如今也終於有時間寫了。

在過去，地方政府、各級學校與非營利組織邀請演講，只要我能夠提供符合需求的內容且時間允許，我都會很高興地答應。今天以後也是如此。更棒的是，我會有更多時間做這些事。我希望在未來我可以有機會幫助更多人，並藉由分享影響更多人。

單純只是認識而與我沒有工作上往來的朋友也請放心，我還會是一個有趣的人，而且希望可以變得更有趣。我會繼續做一些有趣的事情，分享一些有趣的想法。我也會和過去一樣，繼續對你們做的事情以及分享的想法感到好奇並從中學習。

我也會繼續在我的部落格、Twitter與Facebook上寫作，寫作可以幫助我把事情想清楚。想清楚了就不需要再為舊事煩心，可以再想別的事。寫作讓我的頭腦隨時準備好接收新的事物，思索新的問題。在網路上的分享是我一定會持續做下去的事。

從青少年、青年到中年時期，這一路上我的理想主義與任性為我帶來不少麻煩。但也正因為我的理想主義與任性，讓今天的我擁有能夠快速跳脫框架思考的創新能力，讓我永遠都以新鮮的觀點分析並解決問題。更重要的是，讓我能夠持續擁有探索世界的好奇心，以及感動人與被感動的能力。

高教圈的朋友請不要覺得遺憾。是非審之於己，毀譽聽之於人，得失安之於數。當大學不再擁有創新的能量與包容的環境，而我們無論怎麼做都無法改變現狀，也該離開了。生命是短暫的，不該為了遷就無意義的遊戲規則犧牲自己的聰明才智。離開之後必然會有許多的不確定性，但如果所有事情都確定了，活著又有什麼意義。

過去幾週，幾位在企業任職的朋友和自己創業的朋友，都給了些很有幫助的建議。是的，我們總是沒有準備好離開。但只要過去的經驗能轉化為成長的動力，離開就不會是完全歸零，而是平緩但有力量的重新出發。

地球沒有停止轉動。我也沒有。

從遺憾中找到意義

——給高醫心理系二〇一二年畢業生的臨別贈言

我們的生命中總會出現自己無法預期的事。這些事有好有壞，但很多時候我們太在意意外的挫折，而忽略了意外的收穫。

上週末，你們結束了大學生活，進入人生的另一個階段。或許我沒有機會陪伴你們度過大學的最後一年，但對你們順利畢業感到的驕傲絲毫沒有減少。是的，我們都不免有些遺憾，然而人生原本就不完美。從遺憾中找到意義，我們才能繼續前進。

這一年，我找到了很多意義。

第一個意義：珍惜。三年的相處時間有限，我必須更珍惜。在課堂上，我回歸最真實的個性盡量把自己覺得重要但從書本上學不到的經驗分享給你們。在生活中，則是用朋友的立場盡量傾聽你們跟我分享的大小事。因為珍惜，我跟你們反而有了更頻繁也更深入的交流。

第二個意義：信心。最後一年沒有跟著你們，一開始總是會擔心。但回顧你們前三年的成長，就覺得你們順著走下去一定不會有問題。而且如果有需要，還是可以在網路上討論或是約了見面討論。這一年看著你們愈來愈清楚要如何面對自己的未來，對你們也愈來愈有信心。

第三個意義：友誼。當形式上的師生關係提前結束，也代表另一段關係提前開始。少了一些拘束，彼此的分享，不論在網路上或是面對面，都變得更自在。這段期間經常收到來自你們的關心，不論直接或間接，都讓我很感動。

第四個意義：學習。嘗試做一件沒有相同背景的人曾經做過的事，需要重新跟很多人學習很多事。我學習的對象也包括你們。看你們這群比我年輕二十歲的世代探索與適應世界，看著你們努力實踐自己的理想，我也獲得不少啟發。

第五個意義：成長。對於重新出發、展開全新人生旅程的我來說，每一天都有一些新的發現與體悟。當然不可能每天都很快樂，但成長的喜悅讓挫折顯得微不足道。我還是很願意跟大家分享，而你們見面時的傾聽或是網路上的回饋也都是很強的支持力量。

第六個意義：捨得。提早分離讓我們必須提早整理依附在這段關係的錯綜複雜的情緒與情感。那是一個讓我感到非常困難的過程，也花了不少時間才找到意義。捨得不是捨棄，而是將這段情誼轉化為更長遠的關係。

第七個意義：感恩。我們的生命中總會出現自己無法預期的事。這些事有好有壞，但很多時候我們太在意意外的挫折，而忽略了意外的收穫。我不是那種很懂得交朋友的人，但這一年來獲得不少朋友的幫助。我學會更謙卑，也學會對命運讓我經歷的所有事心懷感恩。

我自己是二十年前畢業的，二十年剛好是一個人生的循環。幾年前我曾有這樣的感觸：「四十歲就像是二十歲再來一次。同樣有著強烈的審視自我、尋找自我認同的驅力，同樣面臨新的人生階段的不確定性，也同樣感受到有些事現在不做，以後就會後悔的焦慮與期待。」

或許這就是為什麼有時我會忘了我跟你們的年齡差距。我想說的是，不論是二十歲或四十歲，找到了意義，遺憾就不再是遺憾。希望你們也找到了屬於你們的意義，也希望你們有機會可以跟我分享。

我會繼續想念你們，像過去這一年的每一天一樣。

離開

我們從來不會離得太遠，我們也總是會回到那個安全堡壘。如果離開的時間長一點，我們又要大哭了。

我們這一生，總在離開。離開這些人，離開那些人。離開這個地方，離開那個地方。離開這些事，離開那些事。而我們好像總是沒有準備好離開。

我們一把鼻涕一把淚地離開幼兒園來到小學；我們依依不捨地離開相處四年的大學同學來到另一群人的身邊；我們心不甘情不願地離開故鄉來到城市打拚。

我們一生中的第一次離開，離開母親子宮的第一件事就是哭，不是嗎？我們總是沒有準備好。

正因為從來沒有準備好，我們也總是對於會來到哪裡感到孤獨、陌生、焦慮。而當我們終於不再孤獨、陌生、焦慮，往往又到了再一次離開的時候。

我們一生中的第二次離開，是在發展依附關係的幼兒時期。我們離開母親身邊一段距離，探索這個充滿新鮮感的世界。我們從來不會離得太遠，我們也總是會回到那個安全堡壘。如果離開的時間長一點，我們又要大哭了。

隨著年歲的增長，我們離開的距離也愈來愈遠，探索的世界也愈來愈大。或許我們總是有家可以回，但也僅止於此。**大部分的時候，我們再也回不去我們離開的那些人、那些地方、那些事。就算回得去，也不會再有以前的感覺了。**

而當我們開始數不清離開的次數，我們哭的次數也開始變少了。我們開始學會壓抑情緒。我們以為那是成熟，我們以為那是成長，我們以為我們終於準備好了。

不，我們沒有。我們還是沒有準備好。我們不哭，因為我們不知道該怎麼反應。我們不哭，因為我們僵住了。我們不哭，因為我們怕一哭就憶起之前那些數不清次數的離開。

那很孬。

釋出全部的情緒放聲大哭一場吧，如果你還記得怎麼大哭。那才是告別過去的最好方式，那才是離開的最強力量。讓放射的情緒串連生命中的每一段重要回憶，讓奔流的淚水衝擊人生中的每一個重要階段。

我們當然永遠不會準備好離開，但至少可以也應該用真實、真情、真心的自我面對與揮別過去。

PART 9

旅行優於獨行，
帶著眼睛去旅行

移動的力量

在台灣，網路讓從前不可能的工作與生活型態變得可能，而高鐵則讓可能變得可行。

台北不是台灣的地理中心，卻是商業、教育、文化與其他各類活動的中心。因此住在高雄的我必須經常往台北跑。又因為演講的關係，我也經常造訪台北以外的地區。這些多半當天來回的行程看起來累人，卻也帶來力量。

所有的事情都一定可以用一種以上的觀點來看，包括「移動」這件事。

移動是有價值的。對我來說，移動的核心價值是「取樣」：我可以在一天之內快速觀察到從北到南、從城到鄉、從公路到鐵路上的人事物的各種面向。也許每次只有一點點，長期累積下來也是相當可觀的了解。

而這也是一個磨練敏感度的過程。人總有個最熟悉的地方，以我為例，高雄。在移動的過程中，如果不帶偏見仔細觀察，就會開始注意不同地方的人事物之間的差異。經常親身體驗這些差異，會讓自己對世界的觀察力與感受力愈來愈強。

在一場聚會中，我和熱愛騎摩托車的朋友徐子涵（Schee）剛好聊到這個話題。他的移動幅度可能比我還大，移動頻率也比我頻繁。我請教他的看法，他也認為移動對於維持敏感度是很重要的。

相對來說，大台北地區就像一個自給自足的區域，台北人不論工作或生活都很少需要離開那個區域。這當然是好事，例如我如果住在台北，很多長途交通的時間就可以省下來。但如果減少了目前這種頻繁移動的取樣機會，我現在比大部分人敏銳的洞察力必然會受到一些影響。

我很幸運。五年多前高鐵通車之後沒多久，我剛好也逐漸開始需要以高雄為基地往返台灣各地。我現在已經很難想像沒有高鐵的日子了。回顧這幾年的轉變，我會說：在台灣，網路讓從前不可能的工作與生活型態變得可能，而高鐵則讓可能變得可行。

杰柯柏尼爾森（Jakob Nielsen）在二〇〇四年發表過一篇很有意思的文章——〈網際網路逆轉工業革命〉（Undoing the Industrial Revolution）。主要的論點是：工業革命兩百年來的趨勢是「集中」，而網際網路則重建了工業革命前更平衡且去中心化的田園生活。

工業革命兩百年來的趨勢，是把人集中到大公司與大城市，運用大眾媒體行銷大量生產的商品，並將人們的工作與休閒分開。網際網路的出現則逆轉了這趨勢：公司與服務都可以在地理上是分散的，口碑取代了形象，商品更容易客製化，工作與生活更融合。

身處遠離台北的南部，我們當然必須充分利用這樣的逆轉。藉由網路，我讓各地對我的專長有興趣的人認識我，也讓我認識了許多我感興趣的人。之後，還可以再透過網路做進一步的交流與合作。所以我說，網路讓從前不可能的工作與生活型態變得可能。

但這只是起點。不論是會議討論、顧問諮詢、研究合作或授課演講，都還是有需要面對面交流的時候。這時高鐵就發揮了功能，讓可能變得可行。台灣其實不大，有了高鐵，你可以在一天之內從高雄往返絕大多數的行政區，中間還有足夠的休閒與工作時間。

這也是我以高雄為中心的高鐵一日生活圈。高鐵讓我早上可以搭乘前往包括台北在內的主要城市工作或休閒至少八小時。晚上搭高鐵返回高雄後，回到家還來得及看九點播出的電視影集。而我早已經將我的高鐵一日生活圈推進到宜蘭了。

我的行程雖然都是很典型的商務行程，但我從來沒有把搭高鐵在內的移動過程，當成工作的一部分。我把它們當成因為工作而為生活帶來的附加價值：因為多了這些移動的機會，讓我能夠充分體驗這個世界的多樣性，而這些體驗為我帶來洞察世界的力量。

我會繼續移動，希望你也一樣。

墾丁情懷

十八歲的我來到墾丁，感受到的是墾丁的陽光與海的無條件接納與擁抱。即使是再孤獨的心靈，來到此地，都會有一種歸屬感與安全感。

我很難解釋我對墾丁的情感。那是一種濃得化不開的愛。

十七、八歲的時候經常在大清早一個人從高雄搭國光號到恆春，再改搭當地客運到墾丁森林遊樂區牌樓。然後，背著背包用雙腳走到鵝鑾鼻，再走到佳樂水。之後搭客運回恆春，再搭國光號或中興號回高雄。

那是八〇年代後期。台灣從威權過渡到民主，戒嚴、黨禁、報禁逐一解除。

整個社會充滿活力，但也經歷了轉型期的衝突與不確定性。同樣在那段時間，我個人則是從青少年過渡到青年，同樣經歷了人生與人際間的各種衝突與不確定性。當我感到十分沮喪時，我就會一個人去墾丁。

當年的國光號就是美國的灰狗巴士，而且已經是自排的了。我超級好奇，每次搭車到墾丁都坐到最前面的座位問司機問題。幾乎每位司機都用非常驕傲的語氣談他的巴士。而直到今天我都還記得恆春半島的陽光灑進灰狗巴士國光號車廂的感覺。中興號的座位空間就小很多，我的膝蓋一直會頂到前排座椅。

十八歲的我來到墾丁，感受到的是墾丁的陽光與海的無條件接納與擁抱。即使是再孤獨的心靈，來到此地，都會有一種歸屬感與安全感。背著背包，在海岸公路上走著。讓陽光灑在臉上，聽海浪的聲音。享受墾丁的溫暖，也享受孤獨。只有來到這裡，你才會發現，孤獨，也是可以享受的。

那時墾丁國家公園剛成立，也真有國家公園的樣子。當年，在路上常遇到本地人挖掘一些植物。採的量不多，就是一個小塑膠袋。我問用途，他們戒慎恐懼地說，採回家當藥材。又說，警察巡得很勤，抓到是要罰錢的。當年大家都知道國家公園的保育使命，現在大家都把墾丁當成遊樂區了。

就像南灣，我有二十五年沒去過了，而且是刻意不去的。我最後一次去南灣是一九八六年。那年哈雷彗星回歸，我和家人到南灣的沙灘上看彗星。後來，南灣成了遊客從事各種水上遊憩活動的區域，任何時候都擠滿了人。二十年來再也沒有人看過南灣的金沙白浪，年長一點曾經看過的也幾乎不記得了。

說到哈雷彗星回歸就想起另一次觀星，一九九九年十一月十七日的獅子座流星雨。那天晚上一個人開了車就往墾丁衝，在貓鼻頭待到天亮才回高雄。流星沒看到幾顆，但過程非常有趣。

山也BOT，海也BOT。我也一直不喜歡夏都沙灘酒店，因為它讓我無法再自由進出我青春歲月回憶中重要的一部分——墾丁海水浴場。還記得十九歲那年考上汽車駕照，第一次駕車離開高雄的目的地就是墾丁，而墾丁海水浴場正是我們的第一站。

我更不喜歡墾丁大街。為什麼要到國家公園逛夜市？

還好，只要避開南灣與墾丁大街，整個恆春半島基本上還是很寧靜的。幾年前我在部落格寫過一篇〈恆春半島景觀公路〉，介紹過半島上由省道、縣道與鄉道組成的公路網以及沿線景點。現在看來文章有點舊了，但基本上那些還是我每次自己開車去恆春半島都會走的路。

如果你問我哪一段是我的最愛，我大概會說是這一段：台九線從楓港往東到壽卡，屏一九九縣道往南到牡丹，屏一九九甲縣道往東到旭海，台二十六線往南到港仔，屏二〇〇縣道往南到滿州。

而這又讓我想到旭海南田段台二十六線貫通工程的爭議。我覺得用共線的方式解決就好了，不需要再修築會破壞生態的新公路。台二十六線與達仁到壽卡的台九線、壽卡到牡丹的屏一九九縣道、牡丹到旭海的屏一九九甲縣道共線，也算貫通了。

最近幾年，每到國慶假期，我都會到滿州鄉里德村賞鷹。灰面鵟鷹秋季在十月上旬至中旬過境墾丁國家公園，過境期約二十天。襯著里德開闊的地形，灰面鵟鷹在高空盤旋。我去幾次都沒帶望遠鏡，純粹在現場體驗氣氛。相信我，那就很值得了。

還有每年夏天牡丹鄉的野薑花季。在這個季節來到東源村，你會看到一大片的野薑花海。非常壯觀。既然來到東源村，當然也要看一下水上草原與哭泣湖。而既然來到牡丹鄉，更不能錯過旭海的溫泉、海岸與漁港。

南仁山與龍坑這兩個需要申請才能進入的生態保護區，大概是墾丁國家公園最像國家公園的地方。我最近一次去南仁山是二〇一一年年初的事，而再之前已經是二十年前的事了。二十年過去，南仁山並沒有變得太多。龍坑的崩崖地形更是值得一看再看。今年年初去龍坑更是刺激，海浪打到礁岩濺起的浪花，被強風吹成鹹鹹的颱風雨。那是你在別的地方體驗不到的。

除了九〇年代離開高雄到嘉義與國外念書的那幾年，二十多年來我至少每季都會去一次墾丁。很多時候甚至是一季去好幾次。我早已不再是當年憂鬱的青少年，墾丁也不再是當年單純的國家公園。但我對墾丁的情感沒有改變，墾丁對已經是中年的我也仍然有療癒力量。

你呢？你跟墾丁的故事是什麼？希望那是一段浪漫的愛情故事。如果不是，找個假期到墾丁一遊吧！不要只是去「玩」，而是用心去學習、探索、觀察、欣賞與體驗。相信你也會愛上墾丁。

城市裡的小旅行

最精采的旅行永遠需要離開熟悉的區域與路徑。攤開地圖，你會驚訝地發現城裡大部分的地方你是沒去過的。

人們總是用自己習慣的方式在城裡生活，反覆走習慣的路去習慣的地方做習慣的事，對自己習慣以外的人事物則視而不見。即使在城裡過了一輩子，對自己城市的體驗仍然十分有限。人生苦短，你不覺得人生就在日復一日、年復一年，如此一成不變的生活中流逝很可惜嗎？

別抱怨沒時間休假或被困在某個地方。你可以跳出習慣的框架呀，像旅行一樣重新探索你的城市。如果你能夠隨時提醒自己每天都要有一些新體驗，你會發現再平凡的一天都會是一場精采的小旅行。

即使是你最熟悉的環境，例如你家附近或其他你常去的區域，也可以有新體驗。上網搜尋一下外地人寫的遊記，看看他們來這些區域都做些什麼事，又被這些區域的哪些面向吸引。不要以為自己一定比外地人更熟悉。外地人不像本地人一樣受到習慣的限制，有時看得反而比較清楚。這個過程讓你有機會重新認識你以為已經熟悉的環境，也獲得一些探索與改變的動機。

只要願意改變，哪怕只是一點點，都會有幫助。例如當你在習慣的路徑移動時，不要再像以往一樣滿腦子想著工作或生活的煩心事，或是只想著趕快抵達目的地。讓自己的腦子休息幾分鐘，停下來不帶偏見地觀察身邊的人事物。你會發現每次都會注意到一些足以喚起好奇心的小細節。

如果有半個鐘頭左右的空檔，經過便利商店時可以入店買個飲料坐在窗邊。邊喝邊看窗外，看看車流，看看街景，也看看來來往往的人們。用旁觀者的視角隔著一小段距離，看著像是遵循某種特定的演算法移動的機器人的人們，也是一種提醒自己保持清醒的好方法。

你也可以換個移動方式。例如你平常都自己開車往返某些地方，就找一天改搭大眾運輸。你平常生活中接觸的，多半都是跟自己社經地位與價值觀類似的人，在大眾運輸的公共空間中，你會有機會看到很多跟你不一樣的人。那會讓你體驗到城市人口組成的多樣性，而不會再像之前一樣刻板印象地把人分成「我們」和「他們」。

平常自己騎車或開車，你必須全神貫注駕駛避免發生意外。你也許經過城裡的許多角落，卻很少有機會仔細看看它們。當你搭公車或高架的捷運時，你就獲得了全新的視野與觀察機會。你可以好好欣賞城市的各種面貌，也可以觀察到這些面貌隨著時間而改變。

當然，最精采的旅行永遠需要離開熟悉的區域與路徑。攤開地圖，你會驚訝地發現城裡大部分的地方你是沒去過的。任意挑一個地方，做點功課，不做亦無妨，週末假日空出一個上午或下午去那裡走走看看。沒有一定要看什麼、吃什麼或玩什麼，就是去探索去體驗那些之前只在地圖上看到，或在別人文章中讀到的環境。

除了去一些沒去過的地方，也別忘了做一些不常做的事。例如，你可以彎下身來跟平常經常擦身而過的流浪貓說說話。如果平常不進電影院，找一天去看場電影吧。如果平常很少參觀美術館，給自己一整天的時間沉浸在裡面。如果城裡有些什麼公開活動（例如露天音樂會）你從來沒參加過，想辦法找一次去湊個熱鬧。

別再猶豫了。**你不需要請假，不需要籌措旅費，不需要打包行李，不需要護照，不需要訂機票，不需要訂旅館。你需要的，只是旅人的心境。**

出發吧！城市裡的小旅行，就從今天開始。

穿拖鞋逛博物館

我穿著T恤、短褲與勃肯鞋，剛踏進大門，館員就指著我的腳說不能穿拖鞋。當下覺得難以置信，什麼年代了還有這種規定。

有一年的夏天，我前往位於蓮池潭畔的高雄市眷村文化館參觀。我穿著T恤、短褲與勃肯鞋，剛踏進大門，館員就指著我的腳說不能穿拖鞋。我沒理會就直接走進去。離開時看了門口的標示，還真有「穿拖鞋禁止進入」的規定。當下覺得難以置信，什麼年代了還有這種規定。上網查了一下，發現還有很多博物館也都跟幾十年前一樣禁止穿拖鞋進入。問題是，「拖鞋」的意義已經和從前不一樣了。

早年大家穿著較正式。出門一定會穿襪子，再穿上把整隻腳都包住的鞋子，不論是皮鞋、休閒鞋或運動鞋。拖鞋通常就是在家裡穿的那種，一般不會穿到公共場所。但近年全世界的穿著都愈來愈休閒，大家也愈來愈常穿露出腳趾、腳跟、腳背的鞋子。再加上鞋子的設計愈來愈多樣精緻，穿這樣的鞋子到公共場所，包括博物館，已經成為一件非常自然的事。

尤其是在南部，雙腳悶在鞋襪裡一整天是很難受的事。以我為例，除了講課、演講、會議、宴會等場合，其他時間我幾乎都穿勃肯鞋。當然，不穿襪子。你如果上街看一看，高雄人的典型穿著就是這樣。他們一點也沒有不禮貌或不尊敬的意思。這就是高雄約定俗成的穿著規範。

博物館不是教堂，不是法院，更不是高級餐館。博物館是非常開放與世俗的，開放與世俗的程度跟賣場差不多，甚至比賣場還開放還世俗。所以我一直認為，你穿什麼上賣場應該就可以穿進博物館。二〇一〇年七月底，美國總統歐巴馬參觀位於美國首府華盛頓特區的間諜博物館時，穿的就是一雙黑色的拖鞋。是的，拖鞋。不是那種後面有帶子的涼鞋，而且他也沒有穿襪子。

不論美國或台灣社會，一般來說，對女性穿露出腳趾、腳跟、腳背的鞋子接受度比較高。這當然有點道理：女性比男性更注意保養他們的腳，所以露出來不會難看。事實是，女性一個月擦在腳上的保養品可能比男性一輩子擦在身上的還多。男性就不一樣了。自幼欠保養以致皮膚較粗糙倒還好，恐怖的是有些男性的腳看起來就是髒髒的。愛穿拖鞋或涼鞋的男性，還是該盡量把腳整理得比較不嚇人再出門。

回到眷村文化館。那位館員對我說話的語氣其實有些輕蔑，好像把我當成他的刻板印象中，那種穿汗衫、拖鞋、嚼檳榔的人。我沒有生氣，因為他不尋常的反應讓我覺得有趣。我好奇他如何形成對我的印象。他一定沒有太多穿著休閒的旅遊經驗，生活中也一定沒有太多穿著休閒的人，所以區辨「休閒」與「隨便」對他來說是有點困難的事。而他一定剛到職沒多久，因為到蓮池潭的遊客差不多都是這樣穿著，但他顯然還沒有習慣。

穿著適宜與否要視文化而定，沒有絕對的標準。例如在風景區，遊客穿著基本上都是比較輕鬆的。在高雄，尤其是夏天，穿涼鞋逛美術館的人也很多。與其依賴死板的規則，不如用心觀察找出文化的脈絡。

寂寞公路

人們駕車在公路上都是為了從一個點移動到另一個點，平安抵達目的地後，公路就被遺忘了。所以我說，公路是寂寞的。

「古來公路皆寂寞，唯有禍者留其名。」這是我開車二十多年最深的感觸。人們駕車在公路上都是為了從一個點移動到另一個點，平安抵達目的地後，公路就被遺忘了。偶爾公路會成為話題，但通常都不會是好事。例如天災導致坍方，或是發生重大車禍。所以我說，公路是寂寞的。

有些公路不寂寞。我常常想起以前在美國開車往返東西兩岸，或是在中西部長途駕駛的經驗。天一亮就出發，一路看著地貌的改變，從平原到高山，從農田到沙漠，從鄉村到城市。在公路上的時間愈來愈長，「人—車—路—景」合而為一的感受就愈來愈強。日落前，找一家汽車旅館投宿。隔天一早再出發，重複這永不厭煩的體驗。大家都不寂寞。

台灣的公路與地貌的關係其實也是這樣的，而且比美國更棒的是地貌的變化在更短的時間內發生。在美國，你必須連續開好幾天的車才能看到地貌的各種變化。在台灣，你在一天之內就可以經歷到非常豐富的地貌變化。例如，從太魯閣到墾丁，從高雄到花蓮。

即使如此，相較之下台灣的公路還是顯得特別寂寞。

就說台一線吧。它聯繫了台灣西部從南到北無數的城鄉市鎮，我們的父母與祖父母那一輩，總有說不完的往事在這條公路上發生。如果六十六號公路是美國的Main Street，台一線就是台灣的中山路。但是我們竟能把它搞成台灣最醜陋的公路。從南到北，沿路盡是數不清的檳榔攤、鐵皮屋、掛著俗氣看板想賺過路客錢的商店。沒有人對腳下或輪下的這條公路有任何的感情。台灣人對待台一線就像把自己的祖母扔到路邊吃餿水一樣。

那些有著美麗景觀的公路也寂寞。多少人走阿里山公路上山只為了抵達一個俗氣的目的地：阿里山森林遊樂區停車場。這又是台灣公路的另一個特色：沿途有著美景的公路通常也有著俗氣的端點，而人們旅行的目的往往是那些俗氣的端點而不是公路兩旁的美景。例如日月潭環潭公路雖然有一些步道可以讓你停下車走近湖畔，人們卻總是想去看那幾間廟。

我在台十一線東海岸公路上，看到一輛輛滿載中國觀光客的遊覽車停滿了北回歸線地標與「水往上流」，都很想跟他們說：那些景點就不必去了。北回歸線也經過中國，既然來台灣了就看點別的吧。水往上流？你自己上廁所的時候就看得到了。重點是，你該看的是這條公路本身。

台灣大部分景點的規畫都還停留在四十年前。我特別害怕那些取了好聽名字還立了個牌樓，還沒到入口就有人主動揮手或趨前問你要不要租車或住宿，停車場周圍擺滿了攤販的傳統風景區。而那些名曰園區實則只有蚊子館和長滿雜草空地的地方，也是看一次失望一次。我現在旅行時都會略過這些景點，在路上的時間就更多了。

相較於景點的落後，台灣大部分的公路則是相當現代化的。國道、省道、縣道甚至鄉道，鋪面、號誌、標誌與標線都有一定的水平。當然，未必比得上美國的公路。某些公路的設計的確會為用路人帶來一些風險，可以休息兼觀景的安全停車區、清潔的公共廁所與旅遊資訊中心等基礎服務設施也不夠。但是整體來說，台灣的公路還是比那些有特別名字的風景區有趣多了。

整個台灣基本上只有公路好玩，所謂景點都不好玩。不論是舊的遊樂區或新的園區都一樣。但大家又不玩公路。台灣人在公路上開車像是後面有鬼在追，開車上路就是不斷地超速、超車，希望快點把路開完。我看到很多人在速限四十公里的山路硬是開到六、七十公里。這些人全神貫注避免意外都來不及了，怎麼還有時間與心情去體驗這條公路。你說，公路怎麼會不寂寞？

我的Flickr相簿有一個「公路」珍藏集，收集了台灣五十多條公路的照片，從國道、省道到縣道都有。這些照片多半都是我在過去幾年開車在路上時，把車停到路邊，搖下車窗順手拍下的。我常常會看著這些照片回憶當初的駕駛體驗，如果回憶淡了就安排時間準備再跑一趟。

就算你不看風景，開車在公路上還是有一種非常獨特的感覺。因為公路是有療癒力量的。

當我一個人開車開在路況良好的公路時，我會關上車窗，關掉音響。然後，讓持續出現在眼前的道路與掠過身邊的景物任意地喚起各種記憶。我不去組織與評論，只是像旁觀者一樣看著自己。我還是專心注意路況，防禦性駕駛。我也還是對周圍的事物充滿興趣，經常停車查看。在路況良好的公路上，開車的認知負擔不會重到我沒辦法傾聽自己，卻也不會輕到讓我有機會鑽牛角尖。

這樣的過程往往可以讓自己注意到一些以前沒想過的觀點，對解決問題多少有些幫助。所以我說，這是公路的療癒力量。

週末下午開車上了路，又不知道要去哪裡嗎？下個假期不知如何安排嗎？就從你家附近的公路開始吧。

謝謝，中山高

那些年，中山高就像舞台上的大明星，還有記者為它出了攝影集。

如果要從全台灣的公路之中挑出一條最寂寞的，我會說是國道一號中山高速公路。所謂相識滿天下，知心有幾人。整條路都是貨櫃車、大貨車、小貨車、快遞車，給人「很忙」的壓迫感。每個人都需要它，卻沒有人喜歡它。大家都只想趕快離開這條路，多停留一分鐘都不高興。

中山高是全台灣第一條高速公路。我還記得剛通車那年，一九七八年，父親開著排氣量一點三公升的福特雅士（Ford Escort）載著一家五口以時速九十公里（當時的最高速限）奔馳其上。那是當年很多人在地面上移動的最快速度。那是全新的經驗，你一輩子都不會忘記。

中山高也是那個年代的台灣人一輩子見過的最龐大的工程。就說中沙大橋吧，當年最長的公路橋梁。每次經過，你都會為「公路橋梁竟然可以這麼長」感到驚訝。而今天大家嫌惡的泰山收費站，它的規模也是當年只有省道駕駛經驗的人無法想像的。那些年，中山高就像舞台上的大明星，還有記者為它出了攝影集。

在中山高通車的十年後，一九八九年的夏天，我參加了救國團的海外營隊到南韓旅遊兼參訪。這是當年未服役的大學男生少數可以出國旅遊的管道。我記得有一次我們搭乘的遊覽車行駛在一條歷史比中山高更久的高速公路，我很認真地比較了兩者的異同。回國之後從桃園搭國光號夜車回高雄，半睡半醒之間我還特地多看了中山高幾眼。

隨著台灣經濟起飛以及民眾對高速公路熟悉度的增加，中山高的風華很快褪去。先是從精品變成了好用的日用品，再從好用的日用品變成堪用的日用品，最後變成若無必要不會想要使用的難用的日用品。以長途駕駛為例，應該很多人都跟我一樣，即使駕駛時間多一些也寧可走國道三號。

二〇〇九年年初，有一回駕車從高雄經中山高往返台南。晚上回程經過仁德服務區，我停下車，帶著相機走上連結公路兩側服務設施的天橋。也不知道為什麼，我就是突然想看看這條公路。現在回想起來，在此之前上一次認真地欣賞這條公路已經是二十年前的事了。

我在天橋上停留了幾分鐘。那感覺和置身車流中是完全不一樣的。當你在路上的時候，你感受到的公路是死氣沉沉的。但隔著一段距離，居高臨下，卻感受到這條服務了我們三十多年的公路展現的旺盛生命力，也憶起當年對它的情感。離開前，我輕聲地跟中山高說了聲「謝謝」。

公車帶給我的視野

我喜歡觀察車上的其他乘客，猜測他們是怎樣的人。我也喜歡旁聽其他乘客的對話，嘗試了解他們的世界觀……

大部分高雄人的公車經驗都停留在學生時期。長大後有了自己的汽機車，就不再搭公車了。原本我也一樣，但高雄捷運通車以後我刻意開始嘗試搭公車轉乘捷運。一年多來，竟也成了習慣。在公車上，不論觀察與思考，都有著與平時截然不同的視野。

自己開車在城市移動時，注意力的焦點都在路況，即使經過很多地方，也很少有機會認真看一眼道路以外的事物。搭公車時，注意力終於可以離開道路，在高底盤的公車上透過大車窗認真觀察這座城市。那樣的視野是非常獨特的，可以看到許多開車開了幾年都沒機會注意的景象。

我也觀察人。平常開車出了家門就直接到目的地，然後再直接開車回家。身邊都是熟識的同事或親友，不太有機會觀察陌生人。我喜歡觀察車上的其他乘客，猜測他們是怎樣的人。我也喜歡旁聽其他乘客的對話，嘗試了解他們的世界觀。我更喜歡在乘客與司機互動的當下，洞察雙方的認知。當然，我也喜歡在捷運車廂內觀察人。但公車車廂較小且乘客較少，有機會觀察得更仔細。

高雄市公車也提供了一個思考的空間。搭車的人不多，車廂內通常很安靜，而且都會有位子坐。如果不是在上下班尖鋒時段搭車，我還經常搭到沒有其他乘客的公車。一個空間在城市中移動，而這個空間內除了前方的司機就只有自己了。那樣的感覺平常不會經驗到，提供了非常獨特的思考視野。很多自己鑽牛角尖想不透的問題，常常在公車上突然頓悟就有了解答。

公車上也是思考公共議題的好地方。畢竟，關於這座城市的問題，不在城市的空間與人群中想，又要在哪裡想呢？如果把自己關在辦公室或家中，不會有公車內外這麼豐富的知覺經驗刺激自己的思考。

我也會把看到的、想到的記下來。十多年前曾經在台北市生活過一年，當時公車就是我的主要交通工具。每天往返城市的東西兩邊，在公車上的時間非常多。那時，我經常把筆記本拿出來寫。在高雄市搭公車，路程通常較短，手機和相機就成了主要的記錄工具。回到家中，再還原這些記錄完整的樣貌。

和自己開車相比，搭公車也許要花比較多的時間。但只要行程不是太趕，我還是會選擇搭公車。搭公車的體驗帶給我獨特的視野，讓我看得更多，也想得更多。我喜歡這種感覺。

PART 10

未來大於過去，現在是上天賜予的禮物

注意力的未來

人們其實不是真的同時做兩件事，而是快速地在兩種作業之間切換：這一秒多注意周圍環境一點，下一秒多看手機幾眼。

我不算走路特別快的人，以往走在台北街頭經常被人超越。這一兩年我卻發現整個城市的步調慢了下來，大家都成了邊走邊看智慧型手機的低頭族。非常有限的注意力資源被操作手機這事占去大半之後，在空間中移動的速度自然就慢了下來。

從注意力與動作控制的歷程來看，人們其實不是真的同時做兩件事，而是快速地在兩種作業之間切換：這一秒多注意周圍環境一點，下一秒多看手機幾眼。隨著經驗的累積，這樣的多工處理會愈來愈有效率。但因為注意力資源已經耗盡，遇到突發狀況就難以應付。

世界變得愈來愈複雜，注意力的未來只會面臨愈來愈多這樣的多工處理挑戰。就說你的電腦吧，你同時開幾個視窗？什麼時候切換到這個視窗？什麼時候切換到那個視窗？你的瀏覽器開了幾個分頁？什麼時候又把手機拿過來看一下？你在看電視的時候手上沒有拿著iPad上網嗎？

老化對注意力是有影響的，特別是多工處理的能力。年紀愈大，多工處理的能力愈差。並不是因為整體的注意力資源降低了，而是因為在一種以上的作業間快速切換分配注意力的能力降低了。此外，年紀愈大，也愈容易因為環境中的干擾而分心。

你或許會問，年紀愈大愈跟不上這個世界怎麼辦？我不覺得有這麼悲觀。技能是可以練習的，包括多工處理的技能。低頭族也有分生手和熟手，你說是吧？你還記得你剛開始成為低頭族手忙腳亂的樣子嗎？現在好多了吧！

多工處理對很多成年人來說是不熟悉的，因為我們的成長過程中並未受過這樣的訓練。但這樣的技能是只要練習就有幫助的，所謂熟能生巧。當然，有些事情真的超越一般人的智慧極限，例如要解答「宇宙的起源」這類的問題，練習就幫不上忙了。

我們目前對於同時做一件以上的事感到困擾，除了不熟悉，環境也有影響。目前我們的生活與工作環境中的服務、規則、器物與工具，多半不是為了多工處理的需求設計的，難免讓我們覺得怎麼做都不太順。對使用者經驗設計師與研究員來說，這是必須重視的脈絡。

對一般人來說，重要的是心態。與其批評資訊爆炸時代的混亂，不如適應這團混亂。與其抱怨年輕人不專注，不如從他們身上偷學一些多工處理的撇步。我們已經可以預見注意力的未來了，就看我們要用什麼心態去面對。

學習的未來

如果世界的變化快到你不可能預期三年後你需要什麼知識，你要如何學習？學習的未來必須反映世界的未來，最好的方式是回歸學習的本質……

這個世界在過去兩百年先後經歷了十九世紀的工業革命，與二十世紀的資訊革命，每一次改變都比前一次更快速也更劇烈。如果再把二十一世紀算進來，我們的生活環境與經驗，在過去十二年的改變可能已經超越整個二十世紀了。

在過去，教育是我們了解世界的主要管道。學校提供世界知識的樣本，學生藉由學習這些樣本理解世界的真實樣貌與運作規律。但是，當世界變化愈來愈快，總會來到一個臨界點：學生在學校學到的知識，在畢業那天就已經失去代表性了。

其實我們早已在不知不覺間過了那個臨界點。在台灣，目前四十五歲以上的這群人，大概是最後一個能夠以二十幾歲時在學校學到的一技之長，從事某種工作直到退休的世代。再之後的世代，已經不太可能用這種方式適應世界了。

世界不可能再像從前一樣穩定，工作也一樣。快速變化的世界每年都會帶來新型態的工作，而這些工作過了幾年又會因為快速變化的世界而消失。要適應這個世界，就必須不斷地學習，讓自己的成長跟得上世界的變化。

另一方面，能夠依賴一技之長穩定過日子的最後一個世代，面對加速改變的世界卻感到愈來愈陌生。他們自己的學生時期網路還不普及，畢業後穩定的工作與生活又較封閉。這就是為什麼愈來愈多的父母期待自己的孩子當公務員；那是他們以過去的經驗面對現在的世界，唯一還可以理解的部分。

過去我在大學講課與演講，都會順便問一下學生被父母期待或要求當公務員的比例。這比例從二〇〇一年的不到三成，上升到二〇一一年的超過七成。學生則因為被夾在來自舊世界的期待與來自新世界的不確定性之間，而感到焦慮。華人文化教導他們要順從父母，但父母的期待和現實的世界卻有著巨大的落差。

如果世界的變化快到你不可能預期三年後你需要什麼知識，你要如何學習？學習的未來必須反映世界的未來，最好的方式是回歸學習的本質：確保學習的經驗可以類化回真實世界。傳統為了外在目標學習的態度，是完全派不上用場的。

有未來性的學習是這樣的：以敏銳的觀察力幫助自己注意到世界的變化，以強烈的好奇心引導自己獲取理解這些變化所需要的知識。這樣建立起來的知識網路會更綿密，磨練出來的學習策略也會更有適應力。

教育的價值也必須以此基礎重建。直接幫助學生升學或獲得就業技能是沒有太多價值的，因為學到的很快就會被遺忘或過時。如果能將主動的觀察力與好奇心以知識連結起來，那麼就算學到的知識舊了，仍會是持續累積新知識的基礎。而學習過程中發展出來的認知策略，也可以類化到新的學習情境。

最後，別忘了我們生活的社會很保守。年輕的世代與其期待完美環境，不如務實地利用不完美環境裡的資源，建立終身學習的心態與方法。年長的世代與其一成不變過一生，不如把握有限的人生重新認識世界。

記憶的未來

為了分享而清楚表達的過程，本身就是一種精緻性複誦。

在這個資訊爆炸的時代，不論是來自外界的資訊，或是腦中必須處理的資訊量都愈來愈大。我們能否利用現代的資訊技術輔助自己的記憶？七十八歲的微軟研究員哥登．貝爾（Gordon Bell）在《數位記憶革命》（*Your Life, Uploaded*）書中描述了他在過去十年間的嘗試，例如利用掛在胸前的實驗性攝影機，每隔幾分鐘就自動拍攝照片並記錄位置。

貝爾有研究計畫支持，使用的軟硬體是一般人不易取得的。但這不表示我們就什麼都不能做。技術永遠不會完美。每一個人都要學會利用現有的不完美技術記錄不完美的電子記憶，而不該什麼都不做。

Twitter是我的儲思盆。我會把我想到、讀到、看到、聽到、感受到，或正在做的事即時記下來。為了分享而清楚表達的過程，本身就是一種精緻性複誦。從二〇〇八年十月使用至今累積超過七千則訊息，每則都代表某個特定時間的記憶。我寫了個小程式製作這些訊息的完整備份，快速瀏覽是回顧記憶最簡單的方式。

相機是我的視覺經驗取樣工具。我會隨身攜帶，拍下吸引我注意的景象，再利用GPS軌跡做相片定位，最後上傳到Flickr相簿。從二〇〇五年八月至今已累積超過三萬三千張照片，其中超過百分之九十七有地理資訊。每張照片都能幫我回憶某年某月某日幾時幾分，我在哪裡看到什麼。

GPS軌跡記錄器每隔幾秒鐘就記錄一次我的位置。出門就啟動，返家才關機。從二〇〇八年二月至今累積超過一千天的軌跡記錄。我如果想回憶某年某月某日某時某分我在哪裡，只要在電腦上檢視這些軌跡就找得到線索。這些軌跡當然也還會用於相片定位。

至於訊息保存與檢索都不是特別方便的Facebook，就只被我用來當成分享的平台，分享在Twitter與Flickr記錄的內容，有時也會分享GPS軌跡。

整體大於部分的總合。如果原本會被遺忘的訊息都被妥善保存，當你回顧這些內容時就會看出規律性。那是從其中的任何一點都看不到的。所以，電子記憶還可以幫助我們重新檢視自己。我經常用關鍵詞從Twitter備份找出分散在不同時間的相關回憶，重新整理。在我的部落格上這樣的彙整就累積了五十幾篇。

把時間拉長，這些電子記憶也是一種永生的形式。就像貝爾說的：「如果你的電子記憶能夠完整保存，當你過世後它就可以代代相傳。有一天後人也許會想問你問題，你的電子記憶則會回答他。也就是說，你以數位形式得到了永生。」

你呢？你如何運用資訊技術輔助記憶？

思考的未來

去算命的人希望直接知道未來，「吃X補X」的人希望直接改變自己的身體狀況，把孩子送去補習的家長希望把考不好的科目補到好，考研究所的人希望用學歷換取更好的工作……

我在〈學習的未來〉談到，面對變化速度愈來愈快、幅度也愈來愈大的世界，敏銳的觀察力與強烈的好奇心是學習的關鍵。思考與學習是一體的兩面：思考引導學習，學習改變思考。思考的未來又會呈現怎樣的面貌呢？

資訊革命之前的世界變化雖然快速，但基本規則相對來說是穩定且容易預期的：大部分的人們藉由以學歷、證照或其他形式表徵的一技之長，到大城市裡的大公司工作，順著階層往上，最後在某個階層退休。

在那個還算單純的舊世界裡，大家都期待能用簡單的方式預測並控制未來。去算命的人希望直接知道未來，「吃X補X」的人希望直接改變自己的身體狀況，把孩子送去補習的家長希望把考不好的科目補到好，考研究所的人希望用學歷換取更好的工作……。大家都想套用某些簡單規則找出人生的完美解答。

但那都只是人們心中的幻象。這個世界原本就充滿了不確定性。是的，我們有各種科學。是的，科學的目的就是描述、解釋、預測、控制。但科學能描述、解釋、預測、控制的，僅是冰山一角。我們所經歷的不確定性，只會隨著世界的複雜度增加而增加。

無奈的是，台灣的教育，不論家庭與學校，從來不告訴我們的下一代真實世界的樣貌。很多人離開學校進入真實世界，才開始直接面對不確定性的衝擊，驚嚇之餘往往退縮回到那個不真實但有安全感的想像世界。當這些人變成師長，又繼續用他們想像的決定論的世界，來教育下一代。惡性循環於是形成。

其實人類的大腦原本就是被不確定性塑造出來的。二〇〇二年諾貝爾經濟學獎得主、認知心理學家丹尼爾・卡納曼（Daniel Kahneman）與他的同事阿莫斯・特弗斯基（Amos Tversky），就發現人類早已演化出許多面對不確定性的思考策略。這些策略讓我們在大部分的時候，都能很有效率地找到還不錯的解答，但不保證每次都有用，也不保證找得到的解答是最佳的。此謂有限理性（bounded rationality）。

有未來性的思考應該是這樣的：熱情擁抱這個不確定性愈來愈高的世界，讓我們的大腦做它原本就擅長做的事。不要再像以前一樣，假裝自己活在可以用簡單規則預測的世界，要學會容忍與接納不確定性。在參考前人的經驗前，先形成自己的判斷。不要只是照著舊規則走，要獨立完成所有的決策。

很簡單，也很困難。簡單，因為我們的大腦早就準備好了。困難，因為錯誤的習慣與信念帶來的虛假安全感，讓我們的潛能無法發揮。有點像是電影《駭客任務》的主角Neo當初面對Morpheus手上那兩顆藥丸的抉擇。你當然應該選那顆紅藥丸，勇敢吞下。

歡迎回到真實世界。

智慧的未來

只要願意嘗試，每個人都有機會提升自己的創造力。你可以從一些小規模的嘗試，開始訓練自己承受風險的能力。

人類智慧是演化適應的產物，也是遺傳與環境交互作用的結晶。隨著人們必須適應的環境愈來愈複雜，智慧的發展也必然會和過去不同。我們或許無法完全預測未來，但有一些趨勢是現在就看得出來的。

在二十世紀，工業化國家重視的智慧，整體來說，就是智力測驗測量的特質。這些特質與一個人從小學到大學的學業表現、畢業後職業地位與工作表現，都有關聯。基本上，就是保守中產階級家庭重視與成就相關的特質。

來到二十一世紀這個複雜多元的世界，成就不再透過單一軌道獲得，也不再透過單一價值衡量。走在相同軌道上且擁有相同價值觀的人愈來愈少，能參考的前人經驗也愈來愈少。你甚至不能預測你在學校學到的知識，會在未來的哪份工作派上用場，因為你在學校時的世界還沒有那樣的工作。

在上個世紀，創造力是專屬於少數科學家、藝術家、工程師與設計師的特質。在這個世紀，個人的價值不能只靠著埋頭努力，而必須利用個人的獨特性來呈現與獲得，創造力對每一個人來說都是最重要的智慧特質。

創造力當然有個別差異。心理學家發現有高度創造力的人有如下性格：

願意冒險：做沒人做過的事是有風險的，能夠承擔風險才能實踐。

願意準備：有高度創造力的人，會花很多年的時間準備與磨練自己的能力。

內在動機：有高度創造力的人，為了自己的滿足與快樂而創造，而不是為了與別人競爭而創造。

如果你沒有這樣的性格，也別擔心。心理學的研究告訴我們，只要願意嘗試，每個人都有機會提升自己的創造力。你可以從一些小規模的嘗試，開始訓練自己承受風險的能力。了解那些天才不是一夕之間就達到那樣的境界，你會更願意為提升創造力付出心力。最重要的，你必須是單純為了獲得突破自我的喜悅而做這些事。

因為生活與工作環境變化愈來愈快，除了創造力，在沒有前人的經驗引導下獨立掌握脈絡的能力，也變得比以前重要。能夠迅速理解脈絡，你才能夠在遇到困難前就先找到適應的方式，也能夠找到最適合個人發揮潛力的環境，甚至能夠運用創造力改變環境。

傳統認為重要的智慧，基本的認知與學習能力，仍然是重要的。這樣的能力幫助我們累積的知識與技能可以作為創造力的基礎，也能協助我們理解脈絡。只是它對個人發展的引導力，不再像上個世紀那樣直接。

從羅伯特・史坦伯格（Sternberg）的智慧三元論的架構來看，未來的世界會讓每個人的創造、實用與分析智慧，都獲得更平衡的發展機會。人們會變得更靈活，世界也會變得更有趣。那是一個你我都會歡迎的未來。

閱讀的未來

運用零碎時間閱讀，需要許多後設認知策略：你必須知道怎樣的內容最適合這些零碎時間，你更必須知道如何將這些片段的閱讀經驗建構成一個整體。

從網際網路普及引發第一次資訊爆炸以來，就經常有人好奇閱讀的未來會是怎樣的面貌。在行動裝置普及引發第二次資訊爆炸以後，對此問題好奇者又更多了。我試著從閱讀心理學的觀點說說我的想像。

二十萬年前，人類出現在地球上的同時，也開始演化出口語。人類發明了各種工具，卻直到五千年前才發明用來記錄口語的視覺符號：文字。透過視覺管道解碼這些符號以還原口語並理解文句意義的過程，就是閱讀。

人類歷經將近二十萬年的文明累積，才終於發明了把口語以視覺形式記錄下來的工具。這些符號的形式在過去五千年之間或許有不少改變，但只要人類仍有口語與視覺能力，這一組抽象的符號系統就會持續存在。

閱讀技能也是人類有史以來最複雜的發明。基本的閱讀技能當然也會伴隨著口語與文字持續存在。試著問自己：從小到大，有什麼技能是你得從學齡前一路學到大學，還覺得不太夠的？除了閱讀，也沒有別的了。

在可預見的未來，基本閱讀技能或許不會有太大改變，但閱讀策略一定會大幅改變。跟五千年前一樣，現在一天還是只有二十四小時。人們能夠閱讀的時間並沒有增加，資訊量卻增加了。在我們能夠接觸到的所有資訊中，有時間讀完的可能不到百分之一。我們必須發展出從文章頭中尾各抽個一兩句來讀，就能掌握全文大意的略讀能力。有這樣的能力，我們才能決定要完整閱讀哪些百分之一的內容。

閱讀媒介也一定會大幅改變。人類在五千年前發明了文字，卻又經過了四千五百年文字才普遍地在世界各地被印刷在紙上。我們認定的傳統閱讀媒介、紙本印刷的形式，在整個文字的歷史上只占很少一部分。

文字作為一種視覺符號，原本就不一定要被呈現在紙上。泥板、石板、龜甲、竹簡、木片、紙張、琥珀色單色CRT螢幕、液晶螢幕、手機、電子紙、平板電腦……。呈現文字的媒介隨著技術的進步而改變，是必然的趨勢。如果人們不再依戀龜甲與竹簡，總有一天也一樣會不再依戀紙張與印刷。

媒介的轉變不會改變基本的閱讀歷程，但還是會影響閱讀策略。手持裝置讓我們隨處可讀、隨時可讀，這基本上是件好事。但運用零碎時間閱讀，需要許多後設認知策略：你必須知道怎樣的內容最適合這些零碎時間，你更必須知道如何將這些片段的閱讀經驗建構成一個整體。

現在就是未來。人類原本就是能夠適應環境的生物，包括我在內，很多人早已開始發展或已經發展出新的閱讀策略了。然而，不論是快速取樣的「略讀」策略或化整為零的「散讀」，都是學校不教的。閱讀的未來沒什麼好擔心的，倒是教育的未來特別需要大家的關心。

楚。

書寫的未來

很多時候，我想寫一個字卻寫不完整，但手指要怎麼移動才能輸入那個字卻記得很清

我在〈閱讀的未來〉提到，資訊爆炸與技術演進，會改變閱讀的內容分布與媒介特性，但不會影響基本的閱讀技能，只會驅使讀者發展出更有適應性的閱讀策略。那麼，書寫的未來呢？這個問題可能比閱讀的未來更難回答。

文字作為一種符號系統，其視覺特性不論在傳統紙張或資訊裝置上都是一樣的。但產生的過程卻很不一樣。在紙張上，我們用手一筆一畫寫出一個又一個的字。在裝置上，我們還是用手，但利用各種輸入法輸入文字。除了手寫輸入法，其

他的輸入法需要的動作順序，都和手寫非常不同。

你一定早就有這樣的經驗了：愈來愈不常寫字，也有愈來愈多的字不會寫。例如我用了二十多年行列輸入法，打過的字比寫過的多得太多。我現在會寫的字應該不超過五百個。很多時候，我想寫一個字卻寫不完整，但手指要怎麼移動才能輸入那個字卻記得很清楚。

對中文來說這是個難題。手寫很自然，但太沒有效率。在紙張上我們沒別的選擇，就是得寫。在資訊裝置上，透過鍵盤輸入比手寫快得多，不論你用哪一種輸入法，筆畫再多的字一樣可以敲幾個鍵搞定。

我試著從我自己隨身攜帶的筆記本，尋找關於書寫的未來的蛛絲馬跡。很多不會寫的字，我在寫了記得的少數幾個筆畫之後，就是繼續把字亂畫到認得出來的樣子。更多的時候我乾脆不寫漢字了。如果不是改以英語記錄，就是直接以詞為單位寫漢語拼音，例如：「Zhíjiē yǐ cí dānwèi xiě Hànyǔ pīnyīn.」（直接以詞單位寫漢語拼音）。

對解決「寫不出漢字又必須記錄想法」的需求來說，英語為主、漢語拼音為輔的「無漢字」筆記，總是個能力範圍內不滿意但可以接受的解法。但我真的一點也不喜歡「不會寫漢字」的感覺，那讓我覺得自己像個文盲。

我知道這不會是你喜歡見到的未來，連我自己都不那麼喜歡，但寫字的機會愈來愈少已經是個無法改變的事實了。不只繁體字，簡體字使用者同樣面臨這種困擾。如果我們需要寫中文，但又不會寫漢字，怎麼辦？

或許我們需要比漢字還好寫的中文。注音從來就不是文字，也不可能成為文字，但漢語拼音可以。當漢語拼音方案結合了漢語拼音正詞法基本規則之後，就成了一套準書寫系統，你可以說它是「中文第二式」。這個第二式不至於取代漢字，甚至未必受歡迎，但必然會愈來愈普及。

社交的未來

在這個時代，任何人都可以把自己的思考以圖文或影音，甚至程式碼的形式，一點一點地送上網路，然後將它們組織成完整的結構。這個結構就是個人在網路上的存在。

《時代》雜誌二〇〇六年的年度風雲人物是每一位Web 2.0時代的網路使用者，二〇一〇年則是社群網站Facebook創辦人馬克．札克伯格（Mark Zuckerberg）。這兩個網際網路社群化的重要里程碑，也反映了真實生活受到的影響愈來愈大。社交的未來會呈現怎樣的面貌呢？

在網際網路普及前，最主要的社交活動還是在飯桌上的酒菜間，不論是家庭聚餐或公務應酬。在那些場合，人們的嘴巴用百分之五十的時間咀嚼，百分之四十的時間講客套話，再利用百分之十的時間分享真正有價值的訊息。

在那個時代，人與人之間有很多時間面對面接觸，但時間的利用並不是很有效率。大部分的時間被浪費在介紹、破冰、暖場、客套、搏感情、餐桌儀式、夾菜倒酒、敬酒勸酒，也許再加上划酒拳。還有，出席這些應酬的準備與交通也需要時間。

這些活動對於個性內向、較缺乏社交動機與技巧的人來說，是痛苦的折磨。我在〈內向的孩子〉提到過，我就是這樣的人。成長過程中看著餐桌上的長輩們互動，就很害怕以後也要做這種事，有時還會怕到作噩夢。

我很高興網際網路改變了這一切。我上網二十年了：一九九二年接觸網際網路，一九九五與一九九七年分別建立個人英文與中文網站，二〇〇五年開始寫部落格與分享照片到Flickr，二〇〇七與二〇〇八年分別開始使用Facebook與Twitter。這一切的目的只有一個：讓個人永久存在於網路上。

在這個時代，任何人都可以把自己的思考以圖文或影音，甚至程式碼的形式，一點一點地送上網路，然後將它們組織成完整的結構。這個結構就是個人在網路上的存在。你可以完全跳過從前那些折磨人的社交活動，卻仍能讓更多人認識自己，也讓自己有機會認識更多新朋友。

高鐵則讓人們很容易把網路上的社交基礎，直接連結到實體世界。就像我在〈移動的力量〉說的，網路與高鐵的結合，讓我與台灣各地的朋友初次見面就可以談正事，不論是會議討論、顧問諮詢、研究合作、授課演講或是社交聚會，不僅減少了初次見面的尷尬，更增加了社交活動的品質。

常聽人抱怨大家都在聚會時玩手機，或許這也代表那場聚會原本就沒有意義。阻礙社交的不是科技，而是傳統無效率的人際儀式。社交的未來是可以讓更多人更自在的，但你必須跳脫傳統的框架，才看得到那美好的未來。

國家圖書館預行編目資料

人生從解決問題開始／蔡志浩著,--初版.--臺北市：寶瓶文化,2012.11
面； 公分.--(Vision；104)
ISBN 978-986-5896-03-4（平裝）

1.人生哲學　2.思維方法

191.9　101020100

Vision 104

人生從解決問題開始

作者／蔡志浩

發行人／張寶琴
社長兼總編輯／朱亞君
主編／張純玲・簡伊玲
編輯／禹鐘月・賴逸娟
美術主編／林慧雯
校對／禹鐘月・劉素芬・陳佩伶・蔡志浩
企劃副理／蘇靜玲
業務經理／盧金城
財務主任／歐素琪　業務助理／林裕翔
出版者／寶瓶文化事業有限公司
地址／台北市110信義區基隆路一段180號8樓
電話／(02)27494988　傳真／(02)27495072
郵政劃撥／19446403　寶瓶文化事業有限公司
印刷廠／世和印製企業有限公司
總經銷／大和書報圖書股份有限公司　電話／(02)89902588
地址／新北市五股工業區五工五路2號　傳真／(02)22997900
E-mail／aquarius@udngroup.com

著作完成日期／二〇一二年十月
初版一刷日期／二〇一二年十一月十二日
初版四刷日期／二〇一二年四月十九日

ISBN／978-986-5896-03-4
定價／三二〇元

AQUARIUS 寶瓶 文化事業

愛書人卡

感謝您熱心的為我們填寫，
對您的意見，我們會認真的加以參考，
希望寶瓶文化推出的每一本書，都能得到您的肯定與永遠的支持。

系列：Vision104　　書名：人生從解決問題開始

1. 姓名：＿＿＿＿＿＿＿＿　性別：□男　□女

2. 生日：＿＿年＿＿月＿＿日

3. 教育程度：□大學以上　□大學　□專科　□高中、高職　□高中職以下

4. 職業：＿＿＿＿＿＿＿＿

5. 聯絡地址：＿＿＿＿＿＿＿＿＿＿＿＿＿＿＿＿

   聯絡電話：＿＿＿＿＿＿＿＿　手機：＿＿＿＿＿＿＿＿

6. E-mail信箱：＿＿＿＿＿＿＿＿＿＿＿＿＿＿

   □同意　□不同意　免費獲得寶瓶文化叢書訊息

7. 購買日期：＿＿年＿＿月＿＿日

8. 您得知本書的管道：□報紙／雜誌　□電視／電台　□親友介紹　□逛書店　□網路　□傳單／海報　□廣告　□其他

9. 您在哪裡買到本書：□書店，店名＿＿＿＿＿＿　□劃撥　□現場活動　□贈書　□網路購書，網站名稱：＿＿＿＿＿＿＿　□其他＿＿＿＿＿＿

10. 對本書的建議：（請填代號　1. 滿意　2. 尚可　3. 再改進，請提供意見）

    內容：＿＿＿＿＿＿＿＿＿＿＿＿

    封面：＿＿＿＿＿＿＿＿＿＿＿＿

    編排：＿＿＿＿＿＿＿＿＿＿＿＿

    其他：＿＿＿＿＿＿＿＿＿＿＿＿

    綜合意見：＿＿＿＿＿＿＿＿＿＿＿＿＿＿＿＿＿＿＿＿

11. 希望我們未來出版哪一類的書籍：＿＿＿＿＿＿＿＿＿＿＿＿＿＿

讓文字與書寫的聲音大鳴大放

寶瓶文化事業有限公司

（請沿此虛線剪下）

廣　告　回　函	
北區郵政管理局登記	
證北台字15345號	
免貼郵票	

寶瓶文化事業有限公司　　收

110台北市信義區基隆路一段180號8樓

8F,180 KEELUNG RD.,SEC.1,

TAIPEI.(110)TAIWAN R.O.C.

（請沿虛線對折後寄回，謝謝）